中国語の世界

~大学一年生の入門中国語~

劉国彬

まえがき

　本教科書は大学一年生、中国語学習の初心者を対象に、週1回中国語授業を受ける学生のために作成しました。前期15回分、発音と第1課～第5課、後期15回分は第5課～第12課からなります。

本教科書の特徴：

1　「新出単語」では、本文や文法解説をスムーズに理解するために、その課の単語をまず習得します。

2　「会話文」は暗記しやすいよう4行にまとめました。また、漢字とピンインそれぞれの発音練習ができるよう、漢字とピンインを分けています。

3　「文法解説」では、「会話文」をすっかりマスターするため、各課のポイントを3つ以内に抑えています。

4　中国語に対する興味を少しでも持ってもらうために、3課ごとに漢詩や四字熟語を入れました。

5　教科書の最後に自己紹介のモデル文を入れました。学年末のまとめとして、学生それぞれが自己紹介を通して、勉強してよかったという達成感も味わえるでしょう。

6　練習問題は切り取り式で教科書の最後に付け加えました。この練習問題は、外国語学習の「4技能（聞く、話す、読む、書く）向上のために、リスニング、会話、翻訳、簡体字の書き方といった問題を用意しております。「授業中で完成しましょう」と「復習課題です。家で完成しましょう」から構成されます。学生のみなさん、課題を出す方式で、ぜひ自主勉強能力を養成しましょう。

7　本教科書は中国政府が実施するHSK2級までに必要な単語300語をカバーしています。

　なお、本書を執筆するにあたり、金星堂の川井義大氏には大変なご尽力を賜りました。また、福山大学の大塚豊先生から全体構成、そして福山大学の清水洋子先生から日本語の表現に関する貴重なご意見を賜りました。付記して深く感謝の意を表したいと思います。

2017年春　著者

中国語ってどんな言語？

　これから勉強する中国語を「漢語」(汉语 Hànyǔ) と言います。では、なぜ「漢語」(汉语 Hànyǔ) と呼ばれるのでしょうか。中国は多民族国家で、13億を超える人口の9割以上を占める民族が漢民族です。この漢民族が話す言語を「漢語」(汉语 Hànyǔ) と呼ぶのです。もちろん、いろいろな方言もありますが、私たちがこれから勉強する中国語は方言ではなく、標準語（普通话 pǔtōnghuà）である「漢語」です。

　中国語は全て漢字で表記しますが、その漢字の総数は約5万字以上あります。しかし、これらを全部覚える必要はありません。中国政府が実施するHSK（漢語水平試験）で必要とされる単語数では、一番上のレベル6級でも5000語程度です。

　中国語の特徴は
1. ピンイン：漢字の読み方をピンインで示しますから、日本語のふりがなと似ています。ピンインはローマ字と声調から構成されます。
2. 漢字の読み方：声調によって意味が異なります。声調をしっかり正しく読むことが大切です！読み方は一文字につきほとんど1つの読み方しかないので、覚えやすいです。例えば、中国語の「我」は(wǒ)としか読めませんが、日本語の場合は、「われ」、「わ」などと読むことがあります。
3. 文字：中国では難しい漢字を簡略化した簡体字が使われていますので、簡体字の書き方も覚えましょう。
4. 文法：時制や語尾の変化もありませんので、勉強しやすいです。ただし、日本語の「は」「を」のような格助詞がないため、語順で意味が決まります。そのため語順は大切です。

では、これから中国語の世界を楽しく学んでいきましょう。

目 次

まえがき
中国語ってどんな言語？

発音 1　声調、軽声と単母音 ……………………………………………… 6
　　1 挨拶(1)　　2 声調　　3 軽声　　4 単母音

発音 2　複母音と鼻母音 …………………………………………………… 9
　　1 挨拶(2)　　2 複母音　　3 鼻母音

発音 3　子音 ………………………………………………………………… 12
　　1 挨拶(3)　　2 子音

発音 4　アル化、変調、つづりの注意点 ………………………………… 15
　　1 挨拶(4)　　2 つづり方の省略　　3 声調記号の位置　　4 アル化
　　5 数字　　6 声調の変化

第 1 課　您贵姓? …………………………………………………………… 18
　　1 人称代名詞　　2 相手の苗字の尋ね方とフルネームの尋ね方

第 2 課　你是中国人吗? …………………………………………………… 21
　　1 "是"の文　　2 三つの疑問文

第 3 課　你去哪儿? ………………………………………………………… 24
　　1 場所指示代名詞　　2 動詞の文　　3 助動詞(1)"想"
　　ワンポイントレッスン　隔音符号　　漢詩を読んでみましょう。(1) 咏鹅 (Yǒng'é)

第 4 課　你有没有课? ……………………………………………………… 27
　　1 所有を表す"有"　　2 形容詞述語文　　3 反復疑問文

第 5 課　祝你暑假愉快! …………………………………………………… 30
　　1 指示代名詞　　2 曜日の言い方　　3 目的語が主述句のとき

第 6 課　你暑假过得怎么样? ……………………………………………… 33
　　1 様態補語　　2 助詞"的"「…の」　　3 副詞"也"と"都"
　　漢詩を読んでみましょう。(2) 春 晓 (Chūn xiǎo)

第 7 課　你有什么爱好? …………………………………………………… 36
　　1 "喜欢"　　2 助動詞(2)"会"　　3 過去の経験を表す"过"

第 8 課　你有几本词典? …………………………………………………… 39
　　1 量詞(助数詞)　　2 助動詞(3)"能"　　ワンポイントレッスン　10以上の数字

第9課　你昨天来学校了吗？ ……………………………………………… **42**
　　1 "了"の用法　　2 前置詞⑴ "在"
　　四字熟語を覚えましょう。（1）坐井观天 (Zuò jǐng guān tiān)

第10課　这个多少钱？ …………………………………………………… **45**
　　1 お金の言い方　　2 "怎么" ＋動詞　　3 文末＋"吧"

第11課　今天几月几号？ ………………………………………………… **48**
　　1 年、月、日の言い方　　2 動作の時点を言うとき　　3 前置詞⑵ "从"
　　ワンポイントレッスン　時を表すことば

第12課　不见不散 ………………………………………………………… **51**
　　1 時間の言い方　　2 "快～了"　　3 前置詞⑶ "为"
　　四字熟語を覚えましょう。（2）四面楚歌（Sì miàn Chǔ gē）

自我介绍 ……………………………………………………………………… **54**
語句索引 ……………………………………………………………………… **55**
練習問題 ……………………………………………………………………… **59**

音声ファイル無料ダウンロード

http://www.kinsei-do.co.jp/download/0707

この教科書で DL 00 の表示がある箇所の音声は、上記URL またはQRコードにて無料でダウンロードできます。自習用音声としてご活用ください。

▶ PC からのダウンロードをお勧めします。スマートフォンなどでダウンロードされる場合は、**ダウンロード前に「解凍アプリ」をインストール**してください。
▶ URL は、**検索ボックスではなくアドレスバー (URL 表示覧)** に入力してください。
▶ お使いのネットワーク環境によっては、ダウンロードできない場合があります。

CD 00　左記の表示がある箇所の音声は、**教室用 CD** に収録されています。

発音1　声調、軽声と単母音

 挨拶 (1)

A 你 好！　　こんにちは！
　Nǐ　hǎo!

B 您 好！　　こんにちは！（丁寧な表現）
　Nín　hǎo!

A 谢 谢！　　ありがとうございます！
　Xiè　xie!

B 不 谢！　　どういたしまして。
　Bú　xiè!

A 再 见！　　　　さようなら。
　Zài　jiàn!

B 下 星 期 见！　来週会いましょう。
　Xià　xīngqī　jiàn!

2 声調

中国語には、四つの声調があります。四声とも言います。声調は意味を区別する働きがあります。同じ音節でも声調が異なると意味がそれぞれ違うことに注意しましょう。

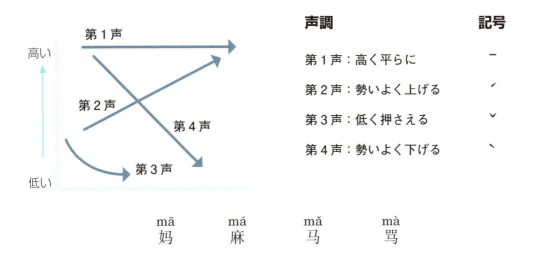

3 軽声

軽声は元々の音声が弱化したもので、前の音節に続けて軽く添えるようにして発音します。声調記号はありません。

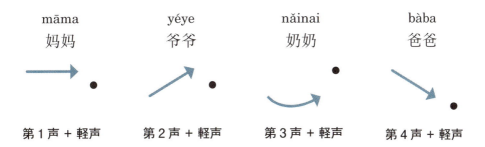

4 単母音

単母音は7個あります。

a	日本語の「ア」よりも、少し口を大きく開けて
o	日本語の「オ」よりも、唇を丸めて突き出すように
e	半開きの口をやや左右に引き、舌を下げて喉の奥のほうに、英語の発音記号「ə」を発音する。
i(yi)	日本語の「イ」よりも、唇を左右に引くようにして
u(wu)	日本語の「ウ」よりも、唇を丸めて突き出すようにして
ü(yu)	口を「u」の形に、「i」と発音する。
er	「e」の発音をしながら、舌を上にそらして

［注］（ ）は前に子音が来ないときのつづり方。

♪ 音声を聞いて練習しましょう。

(1) ā　á　ǎ　à　　(2) ō　ó　ǒ　ò　　(3) ē　é　ě　è

(4) yī　yí　yǐ　yì　(5) wū　wú　wǔ　wù　(6) yū　yú　yǔ　yù

(7) ēr　ér　ěr　èr

♪ 発音しながら、音を比較してみましょう。

(1) yī（一）— yú（鱼）　　(2) ā（阿）— ō（哦）

(3) wǔ（五）— yǔ（雨）　　(4) è（饿）— èr（二）

発音2　複母音と鼻母音

1 挨拶(2)

A 大家 好！　　皆さん、こんにちは！
　Dàjiā　hǎo!

B 老师 好！　　先生、こんにちは！
　Lǎoshī　hǎo!

A 对不起！　　すみません。
　Duìbuqǐ!

B 没 关系！　　かまいません。
　Méi guānxi!

A 我 先 走 了！　　お先に失礼します。
　Wǒ xiān zǒu le!

B 辛苦 了，慢 走。　　お疲れさまでした、気を付けて。
　Xīnkǔ　le，màn zǒu.

2 複母音

ai	ei	ao	ou
ia(ya)	ie(ye)	iao(yao)	iou(you)
ua(wa)	uo(wo)	uai(wai)	uei(wei)
üe(yue)			

［注］（ ）は前に子音が来ないときのつづり方。

♪ 音声を聞いて練習しましょう。

(1) āi ái ǎi ài 　(2) ēi éi ěi èi 　(3) āo áo ǎo ào

(4) ōu óu ǒu òu 　(5) yā yá yǎ yà 　(6) yē yé yě yè

(7) yāo yáo yǎo yào 　(8) yōu yóu yǒu yòu

(9) wā wá wǎ wà 　(10) wō wó wǒ wò

(11) wāi wái wǎi wài 　(12) wēi wéi wěi wèi

(13) yuē yué yuě yuè

♪ 発音しながら、音を比較してみましょう。

(1) yè（夜）— yuè（月）　　(2) wǒ（我）— ǒu（藕）

3 鼻母音

an	ian(yan)	uan(wan)		
ang	iang(yang)	uang(wang)		
en	in(yin)	uen(wen)	ün(yun)	üan(yuan)
eng	ing(ying)	ueng(weng)	ong	iong(yong)

［注］（ ）は前に子音が来ないときのつづり方。

♪ 音声を聞いて練習しましょう。

(1) ān án ǎn àn　　(2) yān yán yǎn yàn

(3) wān wán wǎn wàn　　(4) āng áng ǎng àng

(5) yāng yáng yǎng yàng　　(6) wāng wáng wǎng wàng

(7) ēn én ěn èn　　(8) yīn yín yǐn yìn

(9) wēn wén wěn wèn　　(10) ēng éng ěng èng

(11) yīng yíng yǐng yìng　　(12) wēng wéng wěng wèng

(13) yūn yún yǔn yùn　　(14) yuān yuán yuǎn yuàn

(15) ōng óng ǒng òng　　(16) yōng yóng yǒng yòng

♪ 発音しながら、音を比較してみましょう。

(1) yán（盐）— yáng（羊）　　(2) wán（完）— wáng（王）

(3) yīn（音）— yīng（英）　　(4) wēn（温）— wēng（翁）

発音3　子音

1 挨拶 (3)

A 同学们，早上好！　　皆さん、おはよう。
　Tóngxué men, zǎoshang hǎo!

B 老师，早上好！　　先生、おはようございます。
　Lǎoshī, zǎoshang hǎo!

A 晚上好！　　こんばんは。
　Wǎnshang hǎo!

B 晚上好！　　こんばんは。
　Wǎnshang hǎo!

A 晚安！　　おやすみなさい。
　Wǎn'ān!

B 晚安！　　おやすみなさい。
　Wǎn'ān!

A 麻烦您了！　　ご迷惑をおかけします。
　Máfan nín le!

B 不客气。　　かまいません。
　Bú kèqi.

2 子音

	無気音	有気音		
両唇音	b(o)	p(o)	m(o)	
唇歯音				f(o)
舌尖音	d(e)	t(e)	n(e)	l(e)
舌根音	g(e)	k(e)	h(e)	
舌面音	j(i)	q(i)	x(i)	
そり舌音	zh(i)	ch(i)	sh(i)	r(i)
舌歯音	z(i)	c(i)	s(i)	

♪ 音を比較してみましょう。

1 発音しながら、有気音と無気音を比較してみましょう。

(1) bàng（棒）— pàng（胖）　(2) dǎ（打）— tǎ（塔）　(3) gè（各）— kè（课）

(4) jí（急）— qí（旗）　(5) zhū（猪）— chū（出）　(6) zì（字）— cì（赐）

2 発音しながら、単母音 i とそり舌音の i、舌歯音の i を比較してみましょう。

(1) jī（鸡）— zhī（之）— zī（资）　(2) qí（奇）— chí（迟）— cí（词）

(3) xǐ（洗）— shǐ（使）— sǐ（死）　(4) lì（力）— rì（日）

♪ 音声を聞いて、次のピンインに声調を書き入れましょう。

発音4 アル化、変調、つづりの注意点

挨拶（4）

A 好久 不 见 了！　　お久しぶりです。
　Hǎojiǔ bú jiàn le!

B 好久 不 见 了！　　お久しぶりです。
　Hǎojiǔ bú jiàn le!

A 你 好 吗？　　お元気ですか。
　Nǐ hǎo ma?

B 很 好。　　元気です。
　Hěn hǎo.

A 加油 加油！　　頑張ってください。
　Jiāyóu jiāyóu!

B 我们 一起 加油 吧！　　一緒に頑張りましょう。
　Wǒmen yìqǐ jiāyóu ba!

2 つづり方の省略

(1) iou、uei、uen

　1) これらの母音の前に子音がつく場合、子音＋iu、子音＋ui、子音＋un とつづります。

　　niú（牛）　shuǐ（水）　kùn（困）

　2) 子音を伴わなければ省略しません。i、u を y、w に替えます。

　　yǒu（有）　wèi（位）　wèn（问）

(2) ü

　1) j、q、x に続く場合、ü のウムラウト（¨）を省略する。

　　qù（去）

　　jūn（君）　xuě（雪）

　2) 子音 n、l に続く場合は省略できない（別に nu、lu の音節があるため）。

　　nǚ（女）　lǜ（绿）　lüè（略）

3 声調記号の位置

(1) 声調記号は母音の上につける。

我　不　去。（私は行かない。）
Wǒ　bú　qù.

(2) 「a、o、e」という優先順位を覚えましょう。つまり、「a」があるとき、迷わずに「a」の上につける。「a」がなければ「o」または「e」をみつける。

很　好。（とても上手です。）
Hěn hǎo.

(3) 「i」につけるとき、上の点を取りましょう。

等　一　下。（ちょっと待って。）
Děng　yí　xià.

(4) 「iu」と「ui」の場合は、後ろにつけましょう。

排球队　很　棒！（バレーボールのチームは素晴らしい！）
Páiqiúduì hěn bàng!

4 アル化

音節の終わりに、舌をそり上げて発音することを「アル化」といいます。漢字で「儿」を書きますが、ピンインでは「r」をつけます。「r」の前のiやn、ngは発音しない。

huàhuàr（画画儿）絵を描く　xiǎoháir（小孩儿）子供

wánr（玩儿）遊ぶ　yìdiǎnr（一点儿）少し　kòngr（空儿）暇

5 数字

一	二	三	四	五	六	七	八	九	十	零
yī	èr	sān	sì	wǔ	liù	qī	bā	jiǔ	shí	líng

6 声調の変化

(1) 第3声の声調変化

第3声が二つ並んだ場合、はじめの第3声は第2声に変化する。

Nǐ hǎo!（你好！）　Lǐ Měng（李蒙）

ただし、声調記号は変えない。

(2) "不"の声調変化

"不"は本来第4声ですが、"不"の後ろの文字が第4声の場合、その"不"は第2声に読む。"不客气 Bú kèqi"の"不"は第2声です。

(3) "一"の声調変化

1) "一"は、単独で読むか、語尾で用いられる場合、または、順序、年月日などは第一声で読む。

2) "一"の後ろの文字が第四声と軽声の場合、"一"は第二声に読む。

　一块 yíkuài　一件 yíjiàn　一个 yíge

3) "一"の後ろの文字が第一、第二、第三声の場合は、"一"の発音は第四声に読む。

　一支 yìzhī　一节 yìjié　一本 yìběn

※ 辞書はすべて変調する前の声調が書いてあるが、本書では学習上の効果を考え、3声＋3声はそのまま書き、"不"と"一"は変調後の声調を書く。

第一课　您贵姓？

単語を先に確認しましょう。

🎧 DL 22
💿 CD 22

	中国語	ピンイン	日本語
☐☐	请问	Qǐng wèn	ちょっとお尋ねします
☐☐	您	nín	あなた（敬語）
☐☐	贵	guì	敬語・接頭語
☐☐	姓	xìng	～という姓です
☐☐	你	nǐ	あなた
☐☐	叫	jiào	フルネームは～です
☐☐	什么	shénme	なに
☐☐	名字	míngzi	名前
☐☐	请多关照	Qǐng duō guānzhào	どうぞよろしくお願いします
☐☐	不客气	bú kèqi	どういたしまして
☐☐	很	hěn	とても
☐☐	高兴	gāoxìng	嬉しい
☐☐	认识	rènshi	知り合う

李蒙 ：请问，您贵姓？

福山爱：我姓福山。你叫什么名字？

李蒙 ：我姓李，叫李蒙。请多关照！

福山爱：不客气！很高兴认识你！

Lǐ Měng: Qǐng wèn, nín guì xìng?

Fúshān Ài: Wǒ xìng Fúshān. Nǐ jiào shénme míngzi?

Lǐ Měng: Wǒ xìng Lǐ, jiào Lǐ Měng. Qǐng duō guānzhào!

Fúshān Ài: Bú kèqi! Hěn gāoxìng rènshi nǐ!

上海のバンド → 外滩
wàitān

文法解説

1 人称代名詞

DL 24
CD 24

	1人称	2人称	3人称		疑問代名詞
単数	我（私） wǒ	你　　您（あなた） nǐ　　nín	他（彼） tā	她（彼女） tā	谁（だれ） shuí　shéi
複数	我们（私たち） wǒmen	你们（あなたたち） nǐmen	他们（彼ら） tāmen	她们（彼女たち） tāmen	

2 相手の苗字の尋ね方とフルネームの尋ね方

（1）相手の苗字を尋ねるときと答えるとき

您 贵 姓？ ——我 姓 李。
Nín guì xìng?　——Wǒ xìng Lǐ.

你 姓 什么？ ——我 姓 福山。
Nǐ　xìng shénme?　——Wǒ xìng Fúshān.

（2）相手のフルネームを尋ねるときとフルネームを答える時

你 叫 什么 名字？ ——我 姓 福山，叫 福山 爱。
Nǐ　jiào shénme míngzi?　——Wǒ xìng Fúshān, jiào Fúshān Ài.

第二课　你是中国人吗？

単語を先に確認しましょう。　DL 25　CD 25

	中国語	ピンイン	日本語
☐☐	是	shì	～は…です
☐☐	不	bù	～ではない、いいえ
☐☐	中国	Zhōngguó	中国
☐☐	人	rén	人
☐☐	日本	Rìběn	日本
☐☐	吗	ma	～ですか？
☐☐	呢	ne	～は？　～どうですか？
☐☐	哪	nǎ(něi)	どれ、どの
☐☐	美国	Měiguó	アメリカ
☐☐	大学生	dàxuéshēng	大学生
☐☐	留学生	liúxuéshēng	留学生
☐☐	老师	lǎoshī	先生、教師

李蒙： 你好！你是中国人吗？

福山爱： 不是，我是日本人。你呢？

李蒙： 我是中国人。他是哪国人？

福山爱： 他是美国人。

Lǐ Měng:　　Nǐ hǎo! Nǐ shì Zhōngguórén ma?

Fúshān Ài:　Bú shì, wǒ shì Rìběnrén. Nǐ ne?

Lǐ Měng:　　Wǒ shì Zhōngguórén. Tā shì nǎguórén?

Fúshān Ài:　Tā shì Měiguórén.

中国の内蒙古大草原の風景

文法解説

1 "是"の文 （AはBである）

DL 27
CD 27

肯定文　　我 是 大学生。
　　　　　Wǒ shì dàxuéshēng.

否定文　　我 不 是 留学生。
　　　　　Wǒ bú shì liúxuéshēng.

疑問文　　你 是 老师 吗？
　　　　　Nǐ shì lǎoshī ma?

2 三つの疑問文

（1）"吗"を使った疑問文　　文末＋"吗"？（〜ですか？）

你 是 中国人 吗？　—是，我 是 中国人。
Nǐ shì Zhōngguórén ma?　—Shì, wǒ shì Zhōngguórén.

　　　　　　　　　　　不 是，我 是 日本人。
　　　　　　　　　　　Bú shì, wǒ shì Rìběnrén.

（2）省略疑問文"呢？"　　名詞＋"呢"？（〜は？）

我 是 中国人，你 呢？　—我 是 美国人。
Wǒ shì Zhōngguórén, nǐ ne?　—Wǒ shì Měiguórén.

（3）疑問詞を使った疑問文

你 叫 什么 名字？　—我 叫 李 蒙。
Nǐ jiào shénme míngzi?　—Wǒ jiào Lǐ Měng.

你 是 哪国人？　—我 是 日本人。
Nǐ shì nǎguórén?　—Wǒ shì Rìběnrén.

第2课

第三课　你去哪儿?

新出単語　単語を先に確認しましょう。

DL 28
CD 28

中国語	ピンイン	日本語
去	qù	行く
哪儿	nǎr	どこ
便利店	biànlìdiàn	コンビニ
想	xiǎng	～したい
买	mǎi	買う
乌龙茶	wūlóngchá	ウーロン茶
饭团	fàntuán	おにぎり
学校	xuéxiào	学校
饺子	jiǎozi	餃子
课本	kèběn	教科書
喝	hē	飲む
绿茶	lǜchá	緑茶
做	zuò	する、つくる
学习	xuéxí	勉強する
汉语	Hànyǔ	中国語
看	kàn	見る、読む
电视	diànshì	テレビ
吃	chī	食べる

ワンポイントレッスン　隔音符号

咏鹅（Yǒng'é）の"'"は「隔音符号」といい、～a、o、eで始まる音節が他の音節に続く時に、音節の境を明確にするために付けます。

 会話文

李蒙： 你去哪儿？

福山爱： 我去便利店。

李蒙： 你想买什么？

福山爱： 我想买乌龙茶、饭团。

ピンイン

Lǐ Měng: Nǐ qù nǎr?

Fúshān Ài: Wǒ qù biànlìdiàn.

Lǐ Měng: Nǐ xiǎng mǎi shénme?

Fúshān Ài: Wǒ xiǎng mǎi wūlóngchá、fàntuán.

 漢詩を読んでみましょう。(1)

咏鹅 (Yǒng'é) (唐) 骆 宾王 (Luò Bīnwáng)

鹅，鹅，鹅，
é,　é,　é,

曲 项 向 天 歌。
qū xiàng xiàng tiān gē.

白 毛 浮 绿 水，
bái máo fú lǜ shuǐ,

红 掌 拨 清 波。
hóng zhǎng bō qīng bō.

《咏鹅》は、唐の四傑と称された駱賓王の7歳の時につくられたと伝えられている。子供の目でガチョウが水の中で泳いでいる様子を描いた詩です。
「ガチョウ、ガチョウ、ガチョウ、首を曲げ天に向って歌う。白い羽毛が水に浮き、赤い水掻きが清らかな波をおこす」
簡単な詩で、中国では幼稚園や小学校1年生の時に習います。詩は韻がありリズムがいいから子どもにも受け入れやすいです。

文法解説

1 場所指示代名詞

ここ		そこ、あそこ		どこ	
这儿	这里	那儿	那里	哪儿	哪里
zhèr	zhèli	nàr	nàli	nǎr	nǎli

2 動詞の文　主語＋動詞（＋目的語）（〜は…する）

肯定文　我 去 学校。
　　　　Wǒ qù xuéxiào.

否定文　我 不 吃 饺子。
　　　　Wǒ bù chī jiǎozi.

疑問文　她 买 什么？ ―她 买 课本。
　　　　Tā mǎi shénme?　―Tā mǎi kèběn.

　　　　你 喝 绿茶 吗？ ―喝，我 喝 绿茶。/ 不 喝，我 不 喝 绿茶。
　　　　Nǐ hē lùchá ma?　―Hē, wǒ hē lùchá. / Bù hē, wǒ bù hē lùchá.

3 助動詞⑴　主語＋"想"＋動詞（〜したい）

你 想 做 什么？ ―我 想 学习 汉语。
Nǐ xiǎng zuò shénme?　―Wǒ xiǎng xuéxí Hànyǔ.

我 想 看 电视，我 不 想 学习。
Wǒ xiǎng kàn diànshì, wǒ bù xiǎng xuéxí.

第四课 你有没有课？

新出単語 単語を先に確認しましょう。

DL 31
CD 31

中国語	ピンイン	日本語
有	yǒu	ある、持っている
没有	méiyǒu	ない、持っていない
课	kè	授業
打工	dǎgōng	アルバイトをする
家	jiā	家
远	yuǎn	遠い
不太	bú tài	あまり～でない
来	lái	来る
方便	fāngbiàn	便利な
手机	shǒujī	携帯電話
钱	qián	お金
中国菜	Zhōngguócài	中華料理
好吃	hǎochī	（食べ物）美味しい
难	nán	難しい
夏天	xiàtiān	夏
热	rè	暑い
电脑	diànnǎo	パソコン
茉莉花茶	mòlìhuāchá	ジャスミン茶
好喝	hǎohē	（飲み物）美味しい

第4课

李蒙： 你有没有课？

福山爱： 没有课，我想去打工。

李蒙： 你家远不远？

福山爱： 不太远，来学校很方便。

Lǐ Měng: Nǐ yǒu méiyǒu kè?

Fúshān Ài: Méiyǒu kè, wǒ xiǎng qù dǎgōng.

Lǐ Měng: Nǐ jiā yuǎn bu yuǎn?

Fúshān Ài: Bú tài yuǎn, lái xuéxiào hěn fāngbiàn.

中国のお正月（春節）→ 春节
Chūnjié

文法解説

DL 33
CD 33

1 所有を表す"有"　主語+"有"+目的語（…を持っている / …がある）

肯定文　　我 有 汉语 课。
　　　　　Wǒ yǒu Hànyǔ kè.

否定文　　他 没有 手机。
　　　　　Tā méiyǒu shǒujī.

疑問文　　你 有 钱 吗? —我 没有 钱。
　　　　　Nǐ yǒu qián ma? —Wǒ méiyǒu qián.

2 形容詞述語文　主語＋形容詞　※"是"を使わないことに注意

肯定文　　中国菜 很 好吃。
　　　　　Zhōngguócài hěn hǎochī.

否定文　　汉语 不 难。
　　　　　Hànyǔ bù nán.

疑問文　　日本 夏天 热 吗? —不 太 热。
　　　　　Rìběn xiàtiān rè ma? —Bú tài rè.

3 反復疑問文　主語＋動詞（肯定＋否定）／形容詞（肯定＋否定）

你 是 学生 吗? —你 是 不 是 学生?
Nǐ shì xuésheng ma? —Nǐ shì bu shì xuésheng?

你 有 电脑 吗? —你 有 没有 电脑?
Nǐ yǒu diànnǎo ma? —Nǐ yǒu méiyǒu diànnǎo?

茉莉花茶 好喝 吗? —茉莉花茶 好喝 不 好喝?
Mòlìhuāchá hǎohē ma? —Mòlìhuāchá hǎohē bu hǎohē?

第五课 祝你暑假愉快！

 単語を先に確認しましょう。 　🎧 DL 34　💿 CD 34

中国語	ピンイン	日本語
祝	zhù	祈る、心から願う
暑假	shǔjià	夏休み
愉快	yúkuài	愉快だ
这，这个	zhè, zhège/zhèige	これ、この
飞机	fēijī	飛行機
票	piào	チケット
对	duì	そうです
星期五	xīngqīwǔ	金曜日
星期几	xīngqījǐ	何曜日
回	huí	帰る
老家	lǎojiā	実家
报纸	bàozhǐ	新聞
水果	shuǐguǒ	果物
西瓜	xīguā	スイカ
跑步	pǎobù	走る、ジョギング
游泳	yóuyǒng	泳ぐ
旅途	lǚtú	（旅の）道中
欢迎	huānyíng	歓迎する
玩儿	wánr	遊ぶ
夸奖	kuājiǎng	褒める

福山爱: 你看，这是什么？

李蒙 : 这是飞机票。

福山爱: 对！我星期五回老家。

李蒙 : 祝你暑假愉快！

Fúshān Ài: Nǐ kàn, zhè shì shénme?

Lǐ Měng: Zhè shì fēijī piào.

Fúshān Ài: Duì! Wǒ xīngqīwǔ huí lǎojiā.

Lǐ Měng: Zhù nǐ shǔjià yúkuài!

上海の有名な観光地 → 豫园
Yùyuán

文法解説

1 指示代名詞

	近称（これ、この）	遠称（それ、その、あれ、あの）	疑問（どれ、どの）
単数	这 这个 zhè zhège (zhèige)	那 那个 nà nàge (nèige)	哪 哪个 nǎ nǎge (něige)
	これら	それら、あれら	複数のどれ、どの
複数	这些 zhèxiē (zhèixiē)	那些 nàxiē (nèixiē)	哪些 nǎxiē (něixiē)

这 是 什么？ —这 是 报纸。
Zhè shì shénme? —Zhè shì bàozhǐ.

这个 是 什么 水果？ —这个 是 西瓜。
Zhège(zhèige) shì shénme shuǐguǒ? —Zhège(zhèige) shì xīguā.

2 曜日の言い方

月曜日	火曜日	水曜日	木曜日	金曜日	土曜日	日曜日
星期一 xīngqīyī	星期二 xīngqī'èr	星期三 xīngqīsān	星期四 xīngqīsì	星期五 xīngqīwǔ	星期六 xīngqīliù	星期日 / 星期天 xīngqīrì / xīngqītiān

今天 星期 几？ —星期三。
Jīntiān xīngqī jǐ? —Xīngqīsān.

我 星期日 去 跑步。你 呢？ —我 想 去 游泳。
Wǒ xīngqīrì qù pǎobù. Nǐ ne? —Wǒ xiǎng qù yóuyǒng.

3 目的語が主述句のとき　動詞＋目的語（主語＋述語）

祝 你 旅途 愉快！　　欢迎 你 来 玩儿。　　谢谢 老师 夸奖。
Zhù nǐ lǚtú yúkuài!　　Huānyíng nǐ lái wánr.　　Xièxie lǎoshī kuājiǎng.

第六课 你暑假过得怎么样？

新出単語 単語を先に確認しましょう。

🎧 DL 37
💿 CD 37

中国語	ピンイン	日本語
过	guò	過ごす
得	de	〜をするのが…だ
怎么样	zěnmeyàng	どうですか、いかがですか
开心	kāixīn	嬉しい、楽しい
也	yě	〜も
家人	jiārén	家族
的	de	〜の
身体	shēntǐ	体
好	hǎo	よい、元気だ
都	dōu	全部、すべて、みんな
说	shuō	話す
打	dǎ	打つ、する
排球	páiqiú	バレーボール
开	kāi	運転する
车	chē	車
还可以	hái kěyǐ	まあまあです
年级	niánjí	学年
朋友	péngyou	友達
狗	gǒu	犬
猫	māo	猫
可爱	kě'ài	可愛い

李蒙： 你暑假过得怎么样?

福山爱： 我过得很开心。你呢?

李蒙： 我也很开心。你家人的身体好吗?

福山爱： 他们都很好，谢谢你！

Lǐ Měng: Nǐ shǔjià guòde zěnmeyàng?

Fúshān Ài: Wǒ guòde hěn kāixīn. Nǐ ne?

Lǐ Měng: Wǒ yě hěn kāixīn. Nǐ jiārén de shēntǐ hǎo ma?

Fúshān Ài: Tāmen dōu hěn hǎo, xièxie nǐ!

 漢詩を読んでみましょう。(2)

春 晓 (Chūn xiǎo) (唐)　孟浩然 (Mèng Hàorán)

春 眠 不 觉 晓，
chūn mián bù jué xiǎo,

处 处 闻 啼 鸟。
chù chù wén tí niǎo.

夜 来 风 雨 声，
yè lái fēng yǔ shēng,

花 落 知 多 少。
huā luò zhī duō shǎo.

孟 浩然（689年－740年）は中国唐代（盛唐）の代表的な詩人。山水自然派の詩人として知られています。彼の詩の特徴は、主観的に、自然を人間に親しいものとしてとらえる傾向を持ちます。「春眠暁（あかつき）を覚えず」など、日本でも著名な作品が多いです。「春眠暁を覚えず、処々啼鳥を聞く。夜来風雨の声、花落ちること、知る多少ぞ。」目前の春の風景を直接描写する手法をとらず、明け方、目覚めた瞬間に耳で感じた音から連想によって春の息吹を捉え、季節を愛する思いと去りゆく景色を惜しむ気持ちを表現しています。

文法解説

1 様態補語（動作の様態を詳しく表現する）　主語＋動詞＋"得"＋形容詞（〜するのが〜だ）

肯定文　　他（说）汉语 **说得 很 好**。
　　　　　Tā (shuō) Hànyǔ shuōde hěn hǎo.

否定文　　我（打）排球 **打得 不 好**。
　　　　　Wǒ (dǎ) páiqiú dǎde bù hǎo.

疑問文　　你（开）车 **开得 怎么样**？——**开得 还 可以**。
　　　　　Nǐ (kāi) chē kāide zěnmeyàng? ——Kāide hái kěyǐ.

　　　　　你（开）车 **开得 好 吗**？——**开得 不 太 好**。
　　　　　Nǐ (kāi) chē kāide hǎo ma? ——Kāide bú tài hǎo.

2 助詞"的"「…の」　代名詞＋"的"＋親族／所属名詞」の場合、"的"を省略可

我 的 手机　　　一 年级 的 学生
wǒ de shǒujī　　yī niánjí de xuésheng

你（的）家人　　我们（的）学校
nǐ (de) jiārén　　wǒmen (de) xuéxiào

3 副詞"也"と"都"　副詞＋動詞／形容詞

我 的 朋友 学（习）汉语，我 **也** 学（习）汉语，我们 **都** 学（习）汉语。
Wǒ de péngyou xué(xí) Hànyǔ, wǒ yě xué(xí) Hànyǔ, wǒmen dōu xué(xí) Hànyǔ.

这 是 狗，那 是 猫，**都** 很 可爱。
Zhè shì gǒu, nà shì māo, dōu hěn kě'ài.

第6课

第七课 你有什么爱好？

新出単語 単語を先に確認しましょう。

DL 40
CD 40

中国語	ピンイン	日本語
爱好	àihào	趣味
喜欢	xǐhuan	～が好きである
网球	wǎngqiú	テニス
会	huì	できる
踢	tī	蹴る
足球	zúqiú	サッカー
还	hái	まだ
参加	cānjiā	参加する
过	guo	～したことがある
比赛	bǐsài	試合
菜	cài	料理
棒球	bàngqiú	野球
乒乓球	pīngpāngqiú	卓球
弟弟	dìdi	弟
篮球	lánqiú	バスケットボール
女儿	nǚ'ér	娘
唱歌	chàng gē	歌を歌う
儿子	érzi	息子
跳舞	tiào wǔ	ダンスをする
没(有)	méi(yǒu)	～していない、～しなかった
麻婆豆腐	mápódòufu	マーボー豆腐
法语	Fǎyǔ	フランス語

福山爱：你有什么爱好？

李蒙 ：我喜欢打网球。

福山爱：你会踢足球吗？

李蒙 ：会踢，我还参加过比赛呢！

Fúshān Ài: Nǐ yǒu shénme àihào?

Lǐ Měng: Wǒ xǐhuan dǎ wǎngqiú.

Fúshān Ài: Nǐ huì tī zúqiú ma?

Lǐ Měng: Huì tī, wǒ hái cānjiā guo bǐsài ne!

中国の大学のグランド → 操场
cāochǎng

文法解説

1 "喜欢" 主語＋"喜欢"＋（動詞＋名詞）（…するのが好きである）

你 有 什么 爱好？ —我 喜欢 做 菜。
Nǐ yǒu shénme àihào? —Wǒ xǐhuan zuò cài.

我 喜欢 打 棒球，不 喜欢 打 乒乓球。
Wǒ xǐhuan dǎ bàngqiú, bù xǐhuan dǎ pīngpāngqiú.

2 助動詞 (2) ――主語＋"会"＋動詞 "会"（習得して）できる

我 弟弟 会 游泳，不 会 打 篮球。
Wǒ dìdi huì yóuyǒng, bú huì dǎ lánqiú.

她 女儿 会 唱 歌，儿子 会 跳 舞。
Tā nǚér huì chàng gē, érzi huì tiào wǔ.

3 過去の経験を表す"过" 主語＋動詞＋"过"＋(目的語)（～したことがある）

肯定文　他 去过 中国。
　　　　Tā qùguo Zhōngguó.

否定文　我 没 吃过 麻婆豆腐。
　　　　Wǒ méi chīguo mápódòufu.

疑問文　你 学(习)过 法语 吗？
　　　　Nǐ xué(xí) guo Fǎyǔ ma?

　　　　—学(习)过 法语。／没(有) 学(习)过 法语。
　　　　—Xué(xí) guo Fǎyǔ. / Méi(you) xué(xí) guo Fǎyǔ.

第八课 你有几本词典?

新出単語　単語を先に確認しましょう。

DL 43　CD 43

	中国語	ピンイン	日本語
☐☐	本	běn	冊（書籍を数える助数詞）
☐☐	词典	cídiǎn	辞書
☐☐	能	néng	できる
☐☐	翻译	fānyì	翻訳、通訳
☐☐	文章	wén zhāng	文章
☐☐	面包	miànbāo	パン
☐☐	铅笔	qiānbǐ	鉛筆
☐☐	桌子	zhuōzi	机
☐☐	椅子	yǐzi	椅子
☐☐	橡皮	xiàngpí	消しゴム
☐☐	衣服	yīfu	衣服
☐☐	几	jǐ	いくつ、いくら
☐☐	多少	duōshao	いくつ、いくら
☐☐	杂志	zázhì	雑誌
☐☐	下雨	xià yǔ	雨が降る
☐☐	个	ge	人やモノを数える量詞
☐☐	支（枝）	zhī	本（筆記用具を数える量詞）
☐☐	张	zhāng	脚、枚（机、紙を数える量詞）
☐☐	把	bǎ	椅子などを数える量詞
☐☐	块	kuài	個（かたまり状の物などを数える量詞）
☐☐	件	jiàn	着（衣服、事を数える量詞）
☐☐	节	jié	コマ（授業などを数える量詞）
☐☐	那	nà	それでは、それなら
☐☐	今天	jīntiān	今日

李蒙： 你有几本词典？

福山爱： 两本。一本中日词典，一本日中词典。

李蒙： 那你能翻译文章吗？

福山爱： 还不能。

Lǐ Měng:　Nǐ yǒu jǐ běn cídiǎn?

Fúshān Ài:　Liǎng běn.
　　　　　　Yì běn ZhōngRì cídiǎn, yìběn RìZhōng cídiǎn.

Lǐ Měng:　Nà nǐ néng fānyì wénzhāng ma?

Fúshān Ài:　Hái bù néng.

ワンポイントレッスン　10以上の数字

① 十一 shíyī、十二 shí'èr、十三 shísān…二十 èrshí、二十一 èrshiyī、二十二 èrshi'èr、二十三 èrshisān… 三十 sānshí、四十 sìshí、五十 wǔshí、六十 liùshí、七十 qīshí、八十 bāshí、九十 jiǔshí

② 100以上の数字の読み方：

100（一百 yìbǎi）　110（一百一十 yìbǎi yīshí）　111（一百一十一 yìbǎi yīshiyī）

※数字の中間に"0"があれば、"零"を必ず読みます。"0"がいくつあっても一回だけ読みます。

101　　（一百零一 yìbǎi líng yī）

1001　（一千零一 yìqiān líng yī）

10001（一万零一 yíwàn líng yī）

文法解説

 量詞（助数詞） 数詞＋量詞＋名詞

本 běn	一 本 词典 yì běn cídiǎn	一冊の辞書	这 本 词典 zhèi běn cídiǎn	この辞書
个 ge	两 个 人，两 个 面包 liǎng ge rén, liǎng ge miànbāo	二人、二つのパン	那个 人 nèige rén	その人、あの人
支（枝）zhī	三 支（枝）铅笔 sān zhī qiānbǐ	三本の鉛筆	这 支（枝）铅笔 zhèi zhī qiānbǐ	この鉛筆
张 zhāng	四 张 桌子 sì zhāng zhuōzi	四脚の机	那 张 桌子 nèi zhāng zhuōzi	その机、あの机
把 bǎ	五 把 椅子 wǔ bǎ yǐzi	五つの椅子	这 把 椅子 zhèi bǎ yǐzi	この椅子
块 kuài	六 块 橡皮 liù kuài xiàngpí	六つの消しゴム	那 块 橡皮 nèi kuài xiàngpí	その消しゴム、あの消しゴム
件 jiàn	七 件 衣服 qī jiàn yīfu	七着の衣服	这 件 衣服 zhèi jiàn yīfu	この衣服
节 jié	八 节 课 bā jié kè	八コマの授業	那 节 课 nèi jié kè	その授業、あの授業

質問するときに、"几"（10以下の答えが予想されるとき）、"多少"（数の大小に関係なく使うとき）。"几"には量詞が必要。

你 星期三 有 几 **节** 课？—有 四 **节** 课。
Nǐ xīngqīsān yǒu jǐ jié kè? —Yǒu sì jié kè.

他 买 多少（**支/枝**）铅笔？—买 二十 **支**（**枝**）铅笔。
Tā mǎi duōshao (zhī) qiānbǐ? —Mǎi èrshí zhī qiānbǐ.

我 喜欢 这 **件** 衣服。
Wǒ xǐhuan zhèi jiàn yīfu.

 助動詞（3）——"能"（具体的な能力・条件的に）できる　主語＋"能"＋動詞

我 **能** 看 汉语 杂志。
Wǒ néng kàn Hànyǔ zázhì.

今天 下 雨，他 **不 能** 来。
Jīntiān xià yǔ, tā bù néng lái.

第九课 你昨天来学校了吗？

単語を先に確認しましょう。

🎧 DL 46
💿 CD 46

中国語	ピンイン	日本語
昨天	zuótiān	昨日
了	le	〜しました、〜になった
工作	gōngzuò	仕事
饭店	fàndiàn	レストラン、ホテル
当	dāng	〜になる、〜担当する
服务员	fúwùyuán	従業員
前天	qiántiān	おととい
书包	shūbāo	かばん
最近	zuìjìn	最近
在	zài	〜で
东西	dōngxi	物
房间	fángjiān	部屋
写	xiě	書く
作业	zuòyè	宿題
妈妈	māma	母
厨房	chúfáng	台所
饭	fàn	食事

李蒙： 你昨天来学校了吗?

福山爱： 没有,我去打工了。

李蒙： 你做什么工作?

福山爱： 在饭店当服务员。

ピンイン

Lǐ Měng: Nǐ zuótiān lái xuéxiào le ma?

Fúshān Ài: Méiyou, wǒ qù dǎgōng le.

Lǐ Měng: Nǐ zuò shénme gōngzuò?

Fúshān Ài: Zài fàndiàn dāng fúwùyuán.

 四字熟語を覚えましょう。(1)

坐井观天 (Zuò jǐng guān tiān) ／井戸の中から天の覗く、井戸の中の蛙

唐の時代、韓愈の『原道』「坐井而観天、日天小者、非天小也。」(井に坐して天を見るに、天を小と曰ふは、天の小なるに非ざるなり) によるものです。物事の全面が見渡せず、狭い知識にとらわれて大局的な判断のできない人を表します。

文法解説

1 "了"の用法

 DL 48
CD 48

(1) 目的語がない場合　主語＋動詞＋"了"

肯定文　我 吃 了。
　　　　Wǒ chī le.

否定文　我 没(有) 吃。
　　　　Wǒ méi(you) chī.

疑問文　你 吃 了 吗？ ＝ 你 吃 了 没(有)？　—吃 了。／没有。
　　　　Nǐ chī le ma?　　 Nǐ chī le méi(you)?　　—Chī le. / Méiyou.

(2) 目的語がつく場合

1) 主語＋動詞＋修飾語のない目的語＋"了"

肯定文　我 前天 买 东西 了。
　　　　Wǒ qiántiān mǎi dōngxi le.

否定文　我 前天 没(有) 买 东西。
　　　　Wǒ qiántiān méi(you) mǎi dōngxi.

疑問文　你 前天 买 东西 了 吗？
　　　　Nǐ qiántiān mǎi dōngxi le ma?

2) 主語＋動詞＋"了"＋修飾語のある目的語

肯定文　我 最近 买了 一 个 书包。
　　　　Wǒ zuìjìn mǎile yí ge shūbāo.

否定文　我 最近 没(有) 买 书包。
　　　　Wǒ zuìjìn méi(you) mǎi shūbāo.

疑問文　你 最近 买 书包 了 吗？
　　　　Nǐ zuìjìn mǎi shūbāo le ma?

2 前置詞 (1) "在"　主語＋"在"＋場所詞＋動詞（〜が…で○する）

弟弟 在 他 的 房间 写 作业。　　妈妈 在 厨房 做 饭。
Dìdi zài tā de fángjiān xiě zuòyè.　　Māma zài chúfáng zuò fàn.

第十课 这个多少钱？

 単語を先に確認しましょう。 　DL 49　CD 49

	中国語	ピンイン	日本語
☐☐	苹果	píngguǒ	リンゴ
☐☐	怎么	zěnme	どのように
☐☐	卖	mài	売る
☐☐	斤	jīn	重さの単位（1斤は500グラム）
☐☐	太~了	tài ~ le	~すぎる
☐☐	贵	guì	（値段が）高い
☐☐	便宜	piányi	安い
☐☐	一点儿	yìdiǎnr	少し、ちょっと
☐☐	吧	ba	~しましょう、~してください
☐☐	最少	zuìshǎo	少なくとも
☐☐	块	kuài	元
☐☐	毛	máo	角
☐☐	分	fēn	分
☐☐	杯子	bēizi	コップ
☐☐	到	dào	~へ行く
☐☐	车站	chēzhàn	駅・停留所
☐☐	走	zǒu	行く、歩く
☐☐	每天	měitiān	毎日
☐☐	回家	huí jiā	帰宅する
☐☐	舒服	shūfu	気分が良い
☐☐	快	kuài	速く、速い
☐☐	医院	yīyuàn	病院
☐☐	进	jìn	入る
☐☐	教室	jiàoshì	教室

第10课

福山爱： 这个苹果怎么卖？

店员 ： 六块钱一斤。

李蒙 ： 太贵了！便宜一点儿吧！

店员 ： 最少五块五毛一斤。

Fúshān Ài: Zhèige píngguǒ zěnme mài?

Diàn yuan: Liù kuài qián yì jīn.

Lǐ Měng: Tài guì le! Piányi yìdiǎnr ba!

Diàn yuan: Zuìshǎo wǔ kuài wǔ máo yì jīn.

食材市场 → 自由市场
zìyóushìchǎng

文法解説

1 お金の言い方

書面語	元 yuán	角 jiǎo	分 fēn
話し言葉	块 kuài	毛 máo	分 fēn

这个 多少 钱？ —四 **块(钱)**。
Zhèige duōshao qián? —Sì kuài(qián).

这个 杯子 怎么 卖？ —**两 块 五(毛)** 一 个。
Zhèige bēizi zěnme mài? —Liǎng kuài wǔ(máo) yí ge.

2 "怎么"＋動詞 （どのように～）方法、性質、状況などを尋ねる

请 问，到 车站 **怎么** 走？
Qǐng wèn, dào chēzhàn zěnme zǒu?

你 每天 **怎么** 回 家？
Nǐ měitiān zěnme huí jiā?

3 文末＋"吧" （～してください）（～しましょう）

你 不 舒服，快 去 医院 **吧**！
Nǐ bù shūfu, kuài qù yīyuàn ba!

我们 进 教室 **吧**！
Wǒmen jìn jiàoshì ba!

第十一课 今天几月几号？

新出単語 単語を先に確認しましょう。　DL 52　CD 52

	中国語	ピンイン	日本語
□□	几月	jǐ yuè	何月
□□	几号	jǐ hào	何日
□□	什么时候	shénme shíhou	いつ
□□	期末	qīmò	期末
□□	考试	kǎoshì	テスト（をする）、試験
□□	从	cóng	～から
□□	开始	kāishǐ	始まる、始める
□□	那天	nà tiān	その日
□□	呢	ne	～よ
□□	生日	shēngrì	誕生日
□□	真的	zhēnde	本当
□□	快乐	kuàilè	楽しい
□□	零	líng	零、ゼロ
□□	时间	shíjiān	時間
□□	打算	dǎsuàn	～するつもり
□□	春节	chūnjié	春節
□□	回国	huí guó	帰国する
□□	中旬	zhōngxún	中旬
□□	放假	fàngjià	休みになる
□□	近	jìn	近い
□□	明天	míngtiān	明日

李蒙： 今天几月几号？

福山爱： 十一月十四号。你什么时候期末考试？

李蒙： 从二月五号开始。那天是我的生日呢！

福山爱： 真的！祝你生日快乐！

Lǐ Měng:	Jīntiān jǐ yuè jǐ hào?	
Fúshān Ài:	Shíyīyuè shísì hào. Nǐ shénme shíhou qīmò kǎoshì?	
Lǐ Měng:	Cóng èr yuè wǔ hào kāishǐ. Nà tiān shì wǒ de shēngrì ne!	
Fúshān Ài:	Zhēn de! Zhù nǐ shēngrì kuàilè!	

ワンポイントレッスン　時を表すことば

前天	昨天	今天	明天	后天	每天
qiántiān	zuótiān	jīntiān	míngtiān	hòutiān	měitiān
前年	去年	今年	明年	后年	每年
qiánnián	qùnián	jīnnián	míngnián	hòunián	měinián

文法解説

1　年、月、日の言い方

①年の言い方は、そのまま数字をつぶよみします。

2018年（二零一八年 èr líng yī bā nián）

②（〜月）

一月 (yī yuè)、二月 (èr yuè)、三月 (sān yuè)… 十二月 (shí'èr yuè)

③（〜日）

一号 (yī hào)、二号 (èr hào)、三号 (sān hào)、四号 (sì hào)…三十一号 (sānshiyī hào)

※口語では、「日」を通常"号"と言う。

今天 几 月 几 号? ―二零一七 年 十月 八 号。
Jīntiān jǐ yuè jǐ hào?　—Èrlíngyīqī nián shíyuè bā hào.

你 的 生日 几 月 几 号? ―五月 十二 号。
Nǐ de shēngrì jǐ yuè jǐ hào?　—Wǔ yuè shí'èr hào.

2　動作の時点を言うとき　主語＋時を表す語＋動詞＋（目的語）

你 什么 时候 有 时间? ―我 明天 有 时间。
Nǐ shénme shíhou yǒu shíjiān?　—Wǒ míngtiān yǒu shíjiān.

我 打算 春节 回 国。
Wǒ dǎsuàn chūnjié huí guó.

3　前置詞 ⑵ "从"　主語＋"从"＋時間・場所＋動詞（〜から）

我们 学校 从 二月 中旬 开始 放假。
Wǒmen xuéxiào cóng èr yuè zhōngxún kāishǐ fàngjià.

从 我 家 走 很 近。
Cóng wǒ jiā zǒu hěn jìn.

第十二课 不见不散

 単語を先に確認しましょう。

DL 55
CD 55

中国語	ピンイン	日本語
喂	wéi	もしもし
下课	xià kè	授業が終わる
事	shì	こと、用事
快〜了	kuài 〜 le	もうすぐ〜になる／する
一起	yìqǐ	一緒に
晚饭	wǎnfàn	晩ご飯
好的	hǎo de	よろしい、OK
为	wèi	〜のために
送行	sòngxíng	送別
不见不散	bújiànbúsàn	会うまで待ちます
点	diǎn	〜時
上课	shàng kè	授業を受ける、授業をする
下午	xiàwǔ	午後
下雪	xià xuě	雪が降る
真	zhēn	本当に
冷	lěng	寒い
啊	a	助詞（念押しなど）
电车	diànchē	電車
准备	zhǔnbèi	準備する
上	shàng	乗る
健康	jiànkāng	健康
干杯	gānbēi	乾杯する
取得	qǔdé	得る、獲得する
成绩	chéngjì	成績
刻	kè	十五分（時刻の量詞）
半	bàn	半、三十分
差	chà	足りない、欠けている

第 12 课

李蒙：喂，福山爱你好！你今天几点下课？

福山爱：是李蒙啊！我四点十分下课。有事吗？

李蒙：我快回国了，我们一起吃晚饭吧！

福山爱：好的，我为你送行！不见不散！

Lǐ Měng: Wéi, Fúshān Ài nǐ hǎo! Nǐ jīntiān jǐdiǎn xià kè?

Fúshān Ài: Shì Lǐ Měng a! Wǒ sì diǎn shí fēn xià kè. Yǒu shì ma?

Lǐ Měng: Wǒ kuài huí guó le, wǒmen yìqǐ chī wǎnfàn ba!

Fúshān Ài: Hǎo de, wǒ wèi nǐ sòngxíng! Bú jiàn bú sàn!

 四字熟語を覚えましょう。(2)

四面楚歌 (SìmiànChǔgē)

中国前漢時代の史書『史記（項羽本記）』の故事によりますと、楚の項羽が、四面を囲む漢の劉邦の軍の中から楚の歌を聞き、楚はすでに漢に降ったのか、と驚き嘆いた故事から。「四面楚歌」とは、「敵や反対する者に囲まれて孤立していること、またはその状態」を意味します。

文法解説

1 時間の言い方

DL 57
CD 57

2:00　　两 点 liǎng diǎn

2:05　　两 点 零 五（分）liǎng diǎn líng wǔ(fēn)

2:15　　两 点 十五（分）liǎng diǎn shíwǔ(fēn)　两 点 一 刻 liǎng diǎn yí kè

2:30　　两 点 半 liǎng diǎn bàn　两 点 三十（分）liǎng diǎn sānshí(fēn)

2:45　　两 点 四十五（分）liǎng diǎn sìshiwǔ(fēn)
　　　　两 点 三 刻 liǎng diǎn sān kè　差 一 刻 三 点 chà yí kè sān diǎn

现在 几 点? —差 五 分 六 点。
Xiànzài jǐ diǎn　—Chà wǔ fēn liù diǎn.

你 今天 几 点 上 课? —下午 一 点。
Nǐ jīntiān jǐ diǎn shàng kè?　—Xiàwǔ yì diǎn.

2 "快～了"（もうすぐ～になる/する）

快 下 雪 了，真 冷 啊！
Kuài xià xuě, le, zhēn lěng a!

电车 快 来 了，我们 准备 上 车 吧。
Diànchē kuài lái le, wǒmen zhǔnbèi shàng chē ba.

3 前置詞（3）"为"　（主語）＋"为"＋対象・目的＋動詞＋（目的語）（～のため）

为 大家 的 健康，干杯！
Wèi dàjiā de jiànkāng, gānbēi!

为 考试 取得 好 成绩，加油！
Wèi kǎoshì qǔdé hǎo chéngjì, jiāyóu!

自我介绍
Zì wǒ jiè shào

大家 好！我 姓 福山，叫 福山 爱，请 多 关照。
Dàjiā hǎo! Wǒ xìng Fúshān, jiào Fúshān Ài, qǐng duō guānzhào.

我 是 大学 一 年级 的 学生，我 已经 学了 一年 汉语，
Wǒ shì dàxué yī niánjí de xuésheng, wǒ yǐjing xuéle yìnián Hànyǔ,

说得 还 不 好，请 大家 多多 指教。
shuōde hái bù hǎo, qǐng dàjiā duōduō zhǐjiào.

我 的 爱好 是 做 中国菜，我 会 做 很 多 中国菜。
Wǒ de àihào shì zuò Zhōngguócài, wǒ huì zuò hěn duō Zhōngguócài.

我 有 一 个 中国 留学生 朋友，我们 经常 一起 学习，
Wǒ yǒu yí ge Zhōngguó liúxuéshēng péngyou, wǒmen jīngcháng yìqǐ xuéxí,

每天 都 很 愉快。我 希望 毕业 以后 能 去 中国 工作，
měitiān dōu hěn yúkuài. Wǒ xīwàng bìyè yǐhòu néng qù Zhōngguó gōngzuò,

所以 我 参加了 去年 暑假 的 夏令营，学习了 很 多 汉语，
suǒyǐ wǒ cānjiāle qùnián shǔjià de xiàlìngyíng, xuéxíle hěn duō Hànyǔ,

了解了 很 多 中国 文化。
liǎojiěle hěn duō Zhōngguó wénhuà.

好 了，我 的 介绍 就 到 这儿。谢谢 大家。
Hǎo le, wǒ de jièshào jiù dào zhèr. Xièxie dàjiā.

語句索引

A

a	啊	助詞（念押しなど）	第12課
àihào	爱好	趣味	第7課

B

ba	吧	～しましょう、～してください	第10課
bǎ	把	椅子を数える量詞	第8課
bàn	半	半、三十分	第12課
bàngqiú	棒球	野球	第7課
bàozhǐ	报纸	新聞	第5課
bēizi	杯子	コップ	第10課
běn	本	冊（書籍を数える量詞）	第8課
biànlìdiàn	便利店	コンビニ	第3課
bǐsài	比赛	試合	第7課
bù	不	ではない、いいえ	第2課
bú kèqi	不客气	どういたしまして	第1課
bújiànbúsàn	不见不散	会うまで待ちます	第12課
bútài	不太	あまり～でない	第4課

C

cài	菜	料理	第7課
cānjiā	参加	参加する	第7課
chà	差	足りない、欠けている	第12課
chànggē	唱歌	歌を歌う	第7課
chē	车	車	第6課
chéngjì	成绩	成績	第12課
chēzhàn	车站	駅	第10課
chī	吃	食べる	第3課
chúfáng	厨房	台所	第9課
chūnjié	春节	春節	第11課
cídiǎn	词典	辞書	第8課
cóng	从	～から	第11課

D

dǎ	打	打つ、する	第6課
dǎgōng	打工	アルバイトをする	第4課
dāng	当	～になる、～担当する	第9課
dào	到	～へ行く	第10課
dǎsuàn	打算	～するつもり	第11課
dàxuéshēng	大学生	大学生	第2課
de	得	～をするのが…だ	第6課
de	的	～の	第11課
diǎn	～点	～時	第12課
diànchē	电车	電車	第12課
diànnǎo	电脑	パソコン	第4課
diànshì	电视	テレビ	第3課
dìdi	弟弟	弟	第7課
dōngxi	东西	物	第9課
dōu	都	全部、すべて、みんな	第6課
duōshao	多少	いくつ、いくら	第8課
duì	对	そうです	第5課

E

érzi	儿子	息子	第7課

F

fàn	饭	食事	第9課
fàndiàn	饭店	レストラン、ホテル	第9課
fāngbiàn	方便	便利な	第4課
fàngjià	放假	休みになる	第11課
fángjiān	房间	部屋	第9課
fàntuán	饭团	おにぎり	第3課
fānyì	翻译	翻訳、通訳	第8課
Fǎyǔ	法语	フランス語	第7課
fēijī	飞机	飛行機	第5課
fēn	分	分	第10課
fúwùyuán	服务员	従業員	第9課

G

gānbēi	干杯	乾杯する	第12課
gāoxìng	高兴	嬉しい	第1課
ge	个	人やモノを数える量詞	第8課
gōngzuò	工作	仕事	第9課
gǒu	狗	犬	第6課
guì	贵	敬語・接頭語	第1課
guì	贵	高い	第10課
guò	过	過ごす	第6課
guo	过	～したことがある	第7課

H

hái	还	まだ	第7課
hái kěyǐ	还可以	まあまあです	第6課

Hànyǔ	汉语	中国語	第3課
hǎo	好	よい、元気だ	第6課
hǎochī	好吃	（食べ物）美味しい	第4課
hǎo de	好的	よろしい、OK	第12課
hǎohē	好喝	（飲み物）美味しい	第4課
hē	喝	飲む	第3課
hěn	很	とても	第1課
huānyíng	欢迎	歓迎する	第5課
huí	回	帰る	第5課
huì	会	できる	第7課
huí jiā	回家	帰宅する	第10課
huíguó	回国	帰国する	第11課

J

jǐ hào	几号	何日	第11課
jǐ yuè	几月	何月	第11課
jiā	家	家	第4課
jiārén	家人	家族	第6課
jiàn	件	着（衣服、事を数える量詞）	第8課
jiànkāng	健康	健康	第12課
jiào	叫	フルネームは〜です	第1課
jiàoshì	教室	教室	第10課
jiǎozi	饺子	餃子	第3課
jié	节	コマ（授業などを数える量詞）	第8課
jīn	斤	重さの単位（1斤は500グラム）	第10課
jìn	进	入る	第10課
jìn	近	近い	第11課
jīntiān	今天	今日	第8課

K

kāi	开	運転する	第6課
kāishǐ	开始	始まる、始める	第11課
kāixīn	开心	嬉しい、楽しい	第6課
kàn	看	見る、読む	第3課
kǎoshì	考试	テスト（をする）、試験	第11課
kè	课	授業	第4課
kè	刻	十五分（時刻の量詞）	第12課
kě'ài	可爱	可愛い	第6課
kèběn	课本	教科書	第3課
kuài	块	個（かたまり状の物などを数える量詞）	第8課
kuài	块	元	第10課
kuài	快	速く、速い	第10課
kuài ~ le	快〜了	もうすぐ〜になる／する	第12課

kuàilè	快乐	楽しい	第11課
kuājiǎng	夸奖	褒める	第5課

L

lái	来	来る	第4課
lánqiú	篮球	バスケットボール	第7課
lǎojiā	老家	実家	第5課
lǎoshī	老师	先生、教師	第2課
le	了	〜しました、〜になった	第9課
lěng	冷	寒い	第12課
líng	零	零、ゼロ	第11課
liúxuéshēng	留学生	留学生	第2課
lǜchá	绿茶	緑茶	第3課
lǚtú	旅途	（旅の）道中	第5課

M

ma	吗	〜ですか？	第2課
māma	妈妈	母	第9課
mài	卖	売る	第10課
mǎi	买	買う	第3課
máo	毛	角	第10課
māo	猫	猫	第6課
mápódòufu	麻婆豆腐	マーボー豆腐	第7課
méi(yǒu)	没(有)	〜していない、〜しなかった	第7課
Měiguó	美国	アメリカ	第2課
Měiguórén	美国人	アメリカ人	第2課
měitiān	每天	毎日	第10課
méiyǒu	没有	ない、持っていない	第4課
miànbāo	面包	パン	第8課
míngtiān	明天	明日	第11課
míngzi	名字	名前	第1課
mòlìhuāchá	茉莉花茶	ジャスミン茶	第4課

N

nà	那	それでは、それなら	第8課
nǎ(něi)	哪	どれ、どの	第2課
nàge	那个	それ、その	第5課
nǎguórén	哪国人	どの国の人	第2課
nǎli	哪里	どこ	第3課
nàli	那里	そこ、あそこ	第3課
nán	难	難しい	第4課
nǎr	哪儿	どこ	第3課
nàr	那儿	そこ、あそこ	第3課

nàtiān	那天	その日	第11課
nǎxiē	哪些	どれ、どの	第5課
nàxiē	那些	それ、その	第5課
ne	呢	～は？ ～どうですか？	第2課
ne	呢	～よ	第11課
néng	能	できる	第8課
nǐ	你	あなた	第1課
niánjí	年级	学年	第6課
nǐmen	你们	あなた達	第1課
nín	您	あなた（敬語）	第1課
nǚ'ér	女儿	娘	第7課

P

páiqiú	排球	バレーボール	第6課
pǎobù	跑步	走る、ジョギング	第5課
péngyou	朋友	友達	第6課
piányi	便宜	安い	第10課
piào	票	チケット	第5課
píngguǒ	苹果	リンゴ	第10課
pīngpāngqiú	乒乓球	卓球	第7課

Q

qián	钱	お金	第4課
qiānbǐ	铅笔	鉛筆	第8課
qiántiān	前天	おととい	第9課
qīmò	期末	期末	第11課
Qǐng duō guānzhào	请多关照	どうぞよろしくお願いします	第1課
Qǐng wèn	请问	ちょっとお尋ねします	第1課
qù	去	行く	第3課
qǔdé	取得	得る、獲得する	第12課

R

rè	热	暑い	第4課
rén	人	人	第2課
rènshi	认识	知り合う	第1課
Rìběn	日本	日本	第2課
Rìběnrén	日本人	日本人	第2課

S

shàng	上	乗る	第12課
shàng kè	上课	授業を受ける、授業をする	第12課
shēngrì	生日	誕生日	第11課
shénme	什么	なに	第1課

shénme shíhou	什么时候	いつ	第11課
shēntǐ	身体	体	第6課
shì	是	～は…です	第2課
shì	事	こと、用事	第12課
shíjiān	时间	時間	第11課
shǒujī	手机	携帯電話	第4課
shūbāo	书包	かばん	第9課
shūfu	舒服	気分が良い	第10課
shuǐguǒ	水果	果物	第5課
shuí / shéi	谁	だれ	第1課
shǔjià	暑假	夏休み	第5課
shuō	说	話す	第6課
sòngxíng	送行	送別	第12課

T

tā	他	彼	第1課
tā	她	彼女	第1課
tài ~ le	太～了	～すぎる	第10課
tāmen	他们	彼ら	第1課
tāmen	她们	彼女たち	第1課
tī	踢	蹴る	第7課
tiào wǔ	跳舞	ダンスをする	第7課

W

wǎnfàn	晚饭	晩ご飯	第12課
wǎngqiú	网球	テニス	第7課
wánr	玩儿	遊ぶ	第5課
wéi	喂	もしもし	第12課
wèi	为	～のために	第12課
wénzhāng	文章	文章	第8課
wǒ	我	わたし	第1課
wǒmen	我们	わたしたち	第1課
wūlóngchá	乌龙茶	ウーロン茶	第3課

X

xià kè	下课	授業が終わる	第12課
xiànzài	现在	今	第12課
xiǎng	想	～したい	第3課
xiàngpí	橡皮	消しゴム	第8課
xiàtiān	夏天	夏	第4課
xiàwǔ	下午	午後	第12課
xiàxuě	下雪	雪が降る	第12課
xiàyǔ	下雨	雨が降る	第8課

xiě	写	書く	第9課
xièxie	谢谢	ありがとう	第5課
xīguā	西瓜	スイカ	第5課
xǐhuan	喜欢	～が好きである	第7課
xìng	姓	～という姓です	第1課
xīngqījǐ	星期几	何曜日	第5課
xīngqīyī	星期一	月曜日	第5課
xīngqī'èr	星期二	火曜日	第5課
xīngqīsān	星期三	水曜日	第5課
xīngqīsì	星期四	木曜日	第5課
xīngqīwǔ	星期五	金曜日	第5課
xīngqīliù	星期六	土曜日	第5課
xīngqītiān(rì)	星期天(日)	日曜日	第5課
xuéxí	学习	勉強する	第3課
xuéxiào	学校	学校	第3課

Zhōngguórén	中国人	中国人	第2課
zhōngxún	中旬	中旬	第11課
zhǔnbèi	准备	準備する	第12課
zhù	祝	祈る、心から願う	第5課
zhuōzi	桌子	机	第8課
zǒu	走	行く	第10課
zuìjìn	最近	最近	第9課
zuìshǎo	最少	少なくとも	第10課
zuò	做	する、つくる	第3課
zuótiān	昨天	昨日	第9課
zuòyè	作业	宿題	第9課
zúqiú	足球	サッカー	第7課

Y

yě	也	～も	第6課
yìdiǎnr	一点儿	少し、ちょっと	第10課
yīfu	衣服	衣服	第8課
yìqǐ	一起	一緒に	第12課
yīyuàn	医院	病院	第10課
yǐzi	椅子	椅子	第8課
yǒu	有	ある、持っている	第4課
yóuyǒng	游泳	泳ぐ	第5課
yuǎn	远	遠い	第4課
yúkuài	愉快	愉快だ	第5課

Z

zài	在	～で	第9課
zázhì	杂志	雑誌	第8課
zěnme	怎么	どのように	第10課
zěnmeyàng	怎么样	どうですか、いかがですか	第6課
zhāng	张	脚、枚(机、紙を数える量詞)	第8課
zhè,zhège/zhèige	这，这个	これ、この	第5課
zhèli	这里	ここ	第3課
zhēn	真	本当に	第12課
zhēnde	真的	本当	第11課
zhèr	这儿	ここ	第3課
zhèxiē(zhèixiē)	这些	これら	第5課
zhī	支(枝)	本(筆記用具を数える量詞)	第8課
Zhōngguó	中国	中国	第2課
Zhōngguócài	中国菜	中華料理	第4課

⋯⋯ 練習問題 ⋯⋯

切り取って提出しましょう

発音 1 ●声調、軽声と単母音

学籍番号 _____ 名前 _____

1 字体に注意しながら、簡体字を書きましょう。

	你	你	你	你	你	你
謝(日)	谢(簡)	谢	谢	谢	谢	谢
見(日)	见(簡)	见	见	见	见	见

2 音声を聞いて、声調を書き入れましょう。   DL 59 / CD 59

(1) a　a　a　a　　(2) o　o　o　o　　(3) e　e　e　e

(4) yi　yi　yi　yi　　(5) wu　wu　wu　wu　　(6) yu　yu　yu　yu

(7) er　er　er　er

3 次の単語に**声調をつけ**、日本語の意味を書きましょう。

　　　　mama　　　　　yeye　　　　　nainai　　　　　baba
(1) 妈妈　　(2) 爷爷　　(3) 奶奶　　(4) 爸爸

意味：_____　　_____　　_____　　_____

4 次の挨拶にピンインを書き、日本語の意味を書きましょう。

(1) 你好！　　(2) 您好！　　(3) 谢谢！

ピンイン：_____　　_____　　_____

日本語：_____　　_____　　_____

(4) 不谢。　　(5) 再见！　　(6) 下星期见！

ピンイン：_____　　_____　　_____

日本語：_____　　_____　　_____

発音 2 ●複母音と鼻母音

学籍番号　　　　　　　名前

1 字体に注意しながら、簡体字を書きましょう。

師(日)	师(簡)	师	师	师	师	関(日)	关(簡)	关	关	关	关
対(日)	对(簡)	对	对	对	对	係(日)	系(簡)	系	系	系	系

2 音声を聞いて、声調を書き入れましょう。

(1) ai　ai　ai　ai　　(2) ei　ei　ei　ei　　(3) ao　ao　ao　ao

(4) ou　ou　ou　ou　　(5) ya　ya　ya　ya　　(6) ye　ye　ye　ye

(7) yao　yao　yao　yao　(8) you　you　you　you　(9) wa　wa　wa　wa

(10) wo　wo　wo　wo　　(11) wai　wai　wai　wai　(12) wei　wei　wei　wei

(13) yue　yue　yue　yue

(1) an　an　an　an　　(2) yan　yan　yan　yan　(3) wan　wan　wan　wan

(4) ang　ang　ang　ang　　(5) yang　yang　yang　yang

(6) wang　wang　wang　wang　　(7) en　en　en　en

(8) yin　yin　yin　yin　　(9) wen　wen　wen　wen

(10) eng　eng　eng　eng　　(11) ying　ying　ying　ying

(12) weng　weng　weng　weng　　(13) yun　yun　yun　yun

(14) yuan　yuan　yuan　yuan　　(15) ong　ong　ong　ong

(16) yong　yong　yong　yong

3 次の挨拶にピンインを書き、日本語の意味を書きましょう。

(1) 大家好！　　　　(2) 老师好！　　　　(3) 对不起！

ピンイン：＿＿＿＿＿　　　＿＿＿＿＿＿　　　＿＿＿＿＿＿

日本語：＿＿＿＿＿　　　＿＿＿＿＿＿　　　＿＿＿＿＿＿

(4) 没关系！　　　　(5) 我先走了！　　　　(6) 辛苦了，慢走。

ピンイン：＿＿＿＿＿　　　＿＿＿＿＿＿　　　＿＿＿＿＿＿

日本語：＿＿＿＿＿　　　＿＿＿＿＿＿　　　＿＿＿＿＿＿

発音3 発音4 ●子音とアル化、変調、つづりの注意点

練習問題

学籍番号　　　　　　　名前

1 字体に注意しながら、簡体字を書きましょう。

	们	们	们	们	们
煩 (日)	烦 (簡)	烦	烦	烦	烦
気 (日)	气 (簡)	气	气	气	气
	很	很	很	很	很
	吧	吧	吧	吧	吧

2 0から10までの漢数字とピンインを書き入れましょう。

漢数字											
ピンイン											

3 次の挨拶にピンインを書き、日本語の意味を書きましょう。

(1) 同学们，早上好！　　(2) 晩上好！　　(3) 晩安！

ピンイン：＿＿＿＿＿＿　　＿＿＿＿＿＿　　＿＿＿＿＿＿

日本語：＿＿＿＿＿＿　　＿＿＿＿＿＿　　＿＿＿＿＿＿

(4) 麻烦您了！　　(5) 不客气。

ピンイン：＿＿＿＿＿＿　　＿＿＿＿＿＿

日本語：＿＿＿＿＿＿　　＿＿＿＿＿＿

(1) 好久不见了！　　(2) 你好吗？　　(3) 很好。

ピンイン：＿＿＿＿＿＿　　＿＿＿＿＿＿　　＿＿＿＿＿＿

日本語：＿＿＿＿＿＿　　＿＿＿＿＿＿　　＿＿＿＿＿＿

(4) 加油加油！　　(5) 我们一起加油吧！

ピンイン：＿＿＿＿＿＿　　＿＿＿＿＿＿

日本語：＿＿＿＿＿＿　　＿＿＿＿＿＿

第一课　您贵姓?

学籍番号 _____　　名前 _____

一　授業中で完成しましょう。

1 発音を聞いて、中国語とピンインを書き、さらに日本語に訳しましょう。　　DL 61 / CD 61

(1)　中国語：_____

　　　ピンイン：_____

　　　日本語訳：_____

(2)　中国語：_____

　　　ピンイン：_____

　　　日本語訳：_____

2 Bに漢字で書いてペアを組んで、お互いの名前を聞いてみましょう。

(1)　A　请问，您贵姓?
　　　B　_____（自分の苗字）

(2)　A　你叫什么名字?
　　　B　_____（自分のフルネーム）

二　復習課題です。家で完成しましょう。

1 次の文の答える文の間違いを直しましょう。

(1)　您贵姓? —我叫福山爱。　　正しい文 _____

(2)　你叫什么名字? —我姓李。　　正しい文 _____

2 次の文を中国語に訳し、ピンインをつけましょう。

(1)　どうぞよろしくお願いします。

　　　中国語 _____　　ピンイン _____

(2)　お会いできてうれしいです。

　　　中国語 _____　　ピンイン _____

3 次のピンインを中国語に直し、日本語に訳しましょう。

(1) Qǐng wèn, nín guì xìng?

中国語 _____ 日本語 _____

(2) Hěn gāoxìng rènshi nǐ.

中国語 _____ 日本語 _____

4 ピンインと中国語を書き入れて表を完成しましょう。

日本語	ピンイン	中国語
ちょっとお尋ねします		
どうぞよろしくお願いします		
どういたしまして		
嬉しい		
知り合う		

5 字体に注意しながら、簡体字を書きましょう。

請(日)	请(簡)	请	请	请	请	認(日)	认(簡)	认	认	认	认
問(日)	问(簡)	问	问	问	问	識(日)	识(簡)	识	识	识	识
興(日)	兴(簡)	兴	兴	兴	兴	/	他	他	他	他	他
/	什	什	什	什	什	/	她	她	她	她	她
/	么	么	么	么	么	/	您	您	您	您	您
貴(日)	贵(簡)	贵	贵	贵	贵	関(日)	关(簡)	关	关	关	关

練習問題

第二课　你是中国人吗?

学籍番号　　　　　　　　名前

一　授業中で完成しましょう。

1 発音を聞いて、中国語とピンインを書き、さらに日本語に訳しましょう。

DL 62
CD 62

(1) 中国語：＿＿＿＿＿＿＿＿＿＿＿＿＿＿＿＿＿＿＿＿＿＿＿

　　ピンイン：＿＿＿＿＿＿＿＿＿＿＿＿＿＿＿＿＿＿＿＿＿＿＿

　　日本語訳：＿＿＿＿＿＿＿＿＿＿＿＿＿＿＿＿＿＿＿＿＿＿＿

(2) 中国語：＿＿＿＿＿＿＿＿＿＿＿＿＿＿＿＿＿＿＿＿＿＿＿

　　ピンイン：＿＿＿＿＿＿＿＿＿＿＿＿＿＿＿＿＿＿＿＿＿＿＿

　　日本語訳：＿＿＿＿＿＿＿＿＿＿＿＿＿＿＿＿＿＿＿＿＿＿＿

2 ペアを組んで、次の会話を二人で完成しましょう。

(1) A　你好！你是中国人吗?

　　B　＿＿＿＿＿＿＿＿＿＿＿＿＿＿＿＿＿＿＿＿＿＿＿＿＿

(2) A　他是哪国人?

　　B　＿＿＿＿＿＿＿＿＿＿＿＿＿＿＿＿＿＿＿＿＿＿＿＿＿

二　復習課題です。家で完成しましょう。

1 次の日本語を中国語に直し、ピンインをつけましょう。

(1) 私は留学生ではなく、先生です。

　　中国語　＿＿＿＿＿＿＿＿＿＿＿＿＿＿＿＿＿＿＿＿＿＿＿

　　ピンイン　＿＿＿＿＿＿＿＿＿＿＿＿＿＿＿＿＿＿＿＿＿＿＿

(2) 私は中国人です。あなたは？

　　中国語　＿＿＿＿＿＿＿＿＿＿＿＿＿＿＿＿＿＿＿＿＿＿＿

　　ピンイン　＿＿＿＿＿＿＿＿＿＿＿＿＿＿＿＿＿＿＿＿＿＿＿

2 次の文を中国語に直し、日本語に訳しましょう。

(1) Tā shì nǎguórén?

中国語 _____   日本語 _____

(2) Wó bú shì Měiguórén.

中国語 _____   日本語 _____

3 ピンインと中国語を書き入れて表を完成しましょう。

日本語	ピンイン	中国語
日本		
アメリカ		
大学生		
留学生		

4 字体に注意しながら、簡体字を書きましょう。

吗	吗	吗	吗	吗	吗
呢	呢	呢	呢	呢	呢
哪	哪	哪	哪	哪	哪

第三课　你去哪儿?

学籍番号　　　　　　　　名前

一　授業中で完成しましょう。

1　発音を聞いて、中国語とピンインを書き、さらに日本語に訳しましょう。

(1)　中国語：_____

　　　ピンイン：_____

　　　日本語訳：_____

(2)　中国語：_____

　　　ピンイン：_____

　　　日本語訳：_____

2　ペアを組んで、次の会話を二人で完成しましょう。

(1)　A　你去哪儿?

　　　B　_____

(2)　A　你想买什么?

　　　B　_____

二　復習課題です。家で完成しましょう。

1　次の日本語を中国語に直し、ピンインをつけましょう。

(1)　私は勉強したくない、テレビを見たい。

　　　中国語　_____

　　　ピンイン　_____

(2)　彼は何を飲みたいですか？

　　　中国語　_____

　　　ピンイン　_____

2 次のピンイン文を中国語に直し、日本語に訳しましょう。

(1) Wǒ xiǎng qù xuéxiào.

中国語 ＿＿＿＿＿＿＿＿＿＿＿＿＿＿＿＿＿＿＿＿＿＿＿＿＿＿＿＿＿＿

日本語 ＿＿＿＿＿＿＿＿＿＿＿＿＿＿＿＿＿＿＿＿＿＿＿＿＿＿＿＿＿＿

(2) Wǒ xiǎng mǎi wūlóngchá、fàntuán.

中国語 ＿＿＿＿＿＿＿＿＿＿＿＿＿＿＿＿＿＿＿＿＿＿＿＿＿＿＿＿＿＿

日本語 ＿＿＿＿＿＿＿＿＿＿＿＿＿＿＿＿＿＿＿＿＿＿＿＿＿＿＿＿＿＿

3 ピンインと中国語を書き入れて表を完成しましょう。

日本語	ピンイン	中国語
コンビニ		
餃子		
教科書		
飲む		
勉強する		
中国語		

4 字体に注意しながら、簡体字を書きましょう。

買(日)	买(簡)	买	买	买	买	課(日)	课(簡)	课	课	课	课
烏(日)	乌(簡)	乌	乌	乌	乌	喝(日)	喝(簡)	喝	喝	喝	喝
龍(日)	龙(簡)	龙	龙	龙	龙	綠(日)	绿(簡)	绿	绿	绿	绿
飯(日)	饭(簡)	饭	饭	饭	饭	漢(日)	汉(簡)	汉	汉	汉	汉
/	吃	吃	吃	吃	吃	電(日)	电(簡)	电	电	电	电

第四課　你有没有课?

学籍番号　　　　　　　　　名前

一　授業中で完成しましょう。

1　発音を聞いて、中国語とピンインを書き、さらに日本語に訳しましょう。

(1)　中国語：＿＿＿＿＿＿＿＿＿＿＿＿＿＿＿＿＿＿＿＿＿＿＿＿

　　　ピンイン：＿＿＿＿＿＿＿＿＿＿＿＿＿＿＿＿＿＿＿＿＿＿＿＿

　　　日本語訳：＿＿＿＿＿＿＿＿＿＿＿＿＿＿＿＿＿＿＿＿＿＿＿＿

(2)　中国語：＿＿＿＿＿＿＿＿＿＿＿＿＿＿＿＿＿＿＿＿＿＿＿＿

　　　ピンイン：＿＿＿＿＿＿＿＿＿＿＿＿＿＿＿＿＿＿＿＿＿＿＿＿

　　　日本語訳：＿＿＿＿＿＿＿＿＿＿＿＿＿＿＿＿＿＿＿＿＿＿＿＿

2　ペアを組んで、次の会話を二人で完成しましょう。

(1)　A　你有没有课?

　　　B　＿＿＿＿＿＿＿＿＿＿＿＿＿＿＿＿＿＿＿＿＿＿＿＿＿＿＿＿

(2)　A　你家远不远?

　　　B　＿＿＿＿＿＿＿＿＿＿＿＿＿＿＿＿＿＿＿＿＿＿＿＿＿＿＿＿

二　復習課題です。家で完成しましょう。

1　次の日本語を中国語に直し、ピンインをつけましょう。

(1)　あなたはパソコンを持っていますか。（反復疑問文で）

　　　中国語　＿＿＿＿＿＿＿＿＿＿＿＿＿＿＿＿＿＿＿＿＿＿＿＿＿＿

　　　ピンイン　＿＿＿＿＿＿＿＿＿＿＿＿＿＿＿＿＿＿＿＿＿＿＿＿

(2)　中国語は難しくありません。

　　　中国語　＿＿＿＿＿＿＿＿＿＿＿＿＿＿＿＿＿＿＿＿＿＿＿＿＿＿

　　　ピンイン　＿＿＿＿＿＿＿＿＿＿＿＿＿＿＿＿＿＿＿＿＿＿＿＿

2 次の文を中国語に直し、日本語に訳しましょう。

(1) Rìběn xiàtiān hěn rè.

中国語 _____

日本語 _____

(2) Tā méiyǒu shǒujī, wǒ yǒu.

中国語 _____

日本語 _____

3 ピンインと中国語を書き入れて表を完成しましょう。

日本語	ピンイン	中国語
アルバイトをする		
便利だ		
携帯電話		
ジャスミン茶		
暑い		

4 字体に注意しながら、簡体字を書きましょう。

遠(日)	远(簡)	远	远	远	远	熱(日)	热(簡)	热	热	热	热
語(日)	语(簡)	语	语	语	语	脳(日)	脑(簡)	脑	脑	脑	脑
錢(日)	钱(簡)	钱	钱	钱	钱	難(日)	难(簡)	难	难	难	难

練習問題

第五课　祝你暑假愉快！

学籍番号　　　　　　　名前

一　授業中で完成しましょう。

1 発音を聞いて、中国語とピンインを書き、さらに日本語に訳しましょう。

DL 65
CD 65

(1) 中国語：_____

　　ピンイン：_____

　　日本語訳：_____

(2) 中国語：_____

　　ピンイン：_____

　　日本語訳：_____

2 ペアを組んで、次の会話を二人で完成しましょう。

(1) A　这是什么?

　　B　_____

(2) A　今天星期几?

　　B　_____

二　復習課題です。家で完成しましょう。

1 次の日本語を中国語に直し、ピンインをつけましょう。

(1) 良い旅を！

　　中国語　_____

　　ピンイン　_____

(2) これは何の果物ですか。

　　中国語　_____

　　ピンイン　_____

2 次のピンイン文を中国語に直し、日本語に訳しましょう。

(1) Wǒ xīngqīliù qù yóuyǒng, nǐ ne?

中国語　_____

日本語　_____

(2) Huānyíng nǐ lái wánr.

中国語　_____

日本語　_____

3 ピンインと中国語を書き入れて表を完成しましょう。

日本語	ピンイン	中国語
夏休み		
飛行機		
実家		
新聞		
褒める		

4 字体に注意しながら、簡体字を書きましょう。

暇(日)	假(簡)	假	假	假	假	/	哪	哪	哪	哪	哪
飛(日)	飞(簡)	飞	飞	飞	飞	/	些	些	些	些	些
/	这	这	这	这	这	绿(日)	绿(簡)	绿	绿	绿	绿
個(日)	个(簡)	个	个	个	个	報(日)	报(簡)	报	报	报	报
/	那	那	那	那	那	紙(日)	纸(簡)	纸	纸	纸	纸
步(日)	步(簡)	步	步	步	步	歡(日)	欢(簡)	欢	欢	欢	欢

第六课　你暑假过得怎么样?

学籍番号　　　　　　　　名前

一　授業中で完成しましょう。

1　発音を聞いて、中国語とピンインを書き、さらに日本語に訳しましょう。

DL 66
CD 66

(1)　中国語：＿＿＿＿＿＿＿＿＿＿＿＿＿＿＿＿＿＿＿＿＿＿＿＿＿＿＿＿＿

　　　ピンイン：＿＿＿＿＿＿＿＿＿＿＿＿＿＿＿＿＿＿＿＿＿＿＿＿＿＿＿＿

　　　日本語訳：＿＿＿＿＿＿＿＿＿＿＿＿＿＿＿＿＿＿＿＿＿＿＿＿＿＿＿＿

(2)　中国語：＿＿＿＿＿＿＿＿＿＿＿＿＿＿＿＿＿＿＿＿＿＿＿＿＿＿＿＿＿

　　　ピンイン：＿＿＿＿＿＿＿＿＿＿＿＿＿＿＿＿＿＿＿＿＿＿＿＿＿＿＿＿

　　　日本語訳：＿＿＿＿＿＿＿＿＿＿＿＿＿＿＿＿＿＿＿＿＿＿＿＿＿＿＿＿

2　ペアを組んで、次の会話を二人で完成しましょう。

(1)　A　你暑假过得怎么样?

　　　B　＿＿＿＿＿＿＿＿＿＿＿＿＿＿＿＿＿＿＿＿＿＿＿＿＿＿＿＿＿＿＿

(2)　A　你家人的身体好吗?

　　　B　＿＿＿＿＿＿＿＿＿＿＿＿＿＿＿＿＿＿＿＿＿＿＿＿＿＿＿＿＿＿＿

二　復習課題です。家で完成しましょう。

1　次の日本語を中国語に直し、ピンインをつけましょう。

(1)　彼は中国語を話すのがとても上手です。

　　　中国語　＿＿＿＿＿＿＿＿＿＿＿＿＿＿＿＿＿＿＿＿＿＿＿＿＿＿＿＿＿

　　　ピンイン　＿＿＿＿＿＿＿＿＿＿＿＿＿＿＿＿＿＿＿＿＿＿＿＿＿＿＿＿

(2)　あなたは大学生です。私も大学生です。私たちはみんな大学生です。

　　　中国語　＿＿＿＿＿＿＿＿＿＿＿＿＿＿＿＿＿＿＿＿＿＿＿＿＿＿＿＿＿

　　　ピンイン　＿＿＿＿＿＿＿＿＿＿＿＿＿＿＿＿＿＿＿＿＿＿＿＿＿＿＿＿

2 次の文を中国語に直し、日本語に訳しましょう。

(1) Nǐ kāichē kāide zěnmeyàng?

中国語 _____

日本語 _____

(2) Zhèxiē māo、gǒu dōu hěn kě'ài.

中国語 _____

日本語 _____

3 ピンインと中国語を書き入れて表を完成しましょう。

日本語	ピンイン	中国語
どうですか、いかがですか		
嬉しい、楽しい		
バレーボールをする		
友達		
可愛い		

4 字体に注意しながら、簡体字を書きましょう。

第七课　你有什么爱好?

学籍番号　　　　　　　　名前

一　授業中で完成しましょう。

1 発音を聞いて、中国語とピンインを書き、さらに日本語に訳しましょう。

DL 67
CD 67

(1) 中国語：_____

　　ピンイン：_____

　　日本語訳：_____

(2) 中国語：_____

　　ピンイン：_____

　　日本語訳：_____

2 ペアを組んで、次の会話を二人で完成しましょう。

(1) A　你有什么爱好?

　　B　_____

(2) A　你会踢足球吗?

　　B　_____

二　復習課題です。家で完成しましょう。

1 次の日本語を中国語に直し、ピンインをつけましょう。

(1) 私は野球をするのが好きです。

　　中国語　_____

　　ピンイン　_____

(2) 彼はフランス語を勉強したことがありません。

　　中国語　_____

　　ピンイン　_____

2 次の文を中国語に直し、日本語に訳しましょう。

(1) Wǒ nǚ'ér huì chàng gē, érzi huì tiàowǔ.

中国語 _____

日本語 _____

(2) Wǒ méi chīguo mápódòufu.

中国語 _____

日本語 _____

3 ピンインと中国語を書き入れて表を完成しましょう。

日本語	ピンイン	中国語
趣味		
テニスをする		
泳ぐ		
娘		
息子		

4 字体に注意しながら、簡体字を書きましょう。

	喜	喜	喜	喜	喜		兵	兵	兵	兵	兵
網(日)	网(簡)	网	网	网	网		兵	兵	兵	兵	兵
蹴(日)	踢(簡)	踢	踢	踢	踢	籃(日)	篮(簡)	篮	篮	篮	篮
賽(日)	赛(簡)	赛	赛	赛	赛	習(日)	习(簡)	习	习	习	习

第八课　你有几本词典？

学籍番号　　　　　　　　名前

一　授業中で完成しましょう。

1 発音を聞いて、中国語とピンインを書き、さらに日本語に訳しましょう。

DL 68
CD 68

(1) 中国語：_____

　　ピンイン：_____

　　日本語訳：_____

(2) 中国語：_____

　　ピンイン：_____

　　日本語訳：_____

2 ペアを組んで、次の会話を二人で完成しましょう。

(1) A　你星期一有几节课？

　　B　_____

(2) A　你有多少件衣服？

　　B　_____

二　復習課題です。家で完成しましょう。

1 次の日本語を中国語に直し、ピンインをつけましょう。

(1) 私はパンを二つ食べます。

　　中国語　_____

　　ピンイン　_____

(2) 彼は中国語の雑誌を読めます。

　　中国語　_____

　　ピンイン　_____

2 次の文を中国語に直し、日本語に訳しましょう。

(1) Nǐ xiǎng mǎi jǐ zhī qiānbǐ?

中国語 _____

日本語 _____

(2) Jīntiān dǎgōng, wǒ bù néng qù xuéxiào.

中国語 _____

日本語 _____

3 ピンインと中国語を書き入れて表を完成しましょう。

日本語	ピンイン	中国語
辞書		
鉛筆		
消しゴム		
雑誌		
机		

4 字体に注意しながら、簡体字を書きましょう。

詞(日)	词(簡)	词	词	词	词		桌(日)	桌(簡)	桌	桌	桌	桌
給(日)	给(簡)	给	给	给	给		張(日)	张(簡)	张	张	张	张
包(日)	包(簡)	包	包	包	包		塊(日)	块(簡)	块	块	块	块
鉛(日)	铅(簡)	铅	铅	铅	铅		節(日)	节(簡)	节	节	节	节
筆(日)	笔(簡)	笔	笔	笔	笔		雜(日)	杂(簡)	杂	杂	杂	杂
誌(日)	志(簡)	志	志	志	志							

第九課　你昨天来学校了吗?

学籍番号　　　　　　　名前

一　授業中で完成しましょう。

1 発音を聞いて、中国語とピンインを書き、さらに日本語に訳しましょう。

DL 69
CD 69

(1)　中国語：＿＿＿＿＿＿＿＿＿＿＿＿＿＿＿＿＿＿＿＿＿＿＿＿＿＿

　　　ピンイン：＿＿＿＿＿＿＿＿＿＿＿＿＿＿＿＿＿＿＿＿＿＿＿＿＿＿

　　　日本語訳：＿＿＿＿＿＿＿＿＿＿＿＿＿＿＿＿＿＿＿＿＿＿＿＿＿＿

(2)　中国語：＿＿＿＿＿＿＿＿＿＿＿＿＿＿＿＿＿＿＿＿＿＿＿＿＿＿

　　　ピンイン：＿＿＿＿＿＿＿＿＿＿＿＿＿＿＿＿＿＿＿＿＿＿＿＿＿＿

　　　日本語訳：＿＿＿＿＿＿＿＿＿＿＿＿＿＿＿＿＿＿＿＿＿＿＿＿＿＿

2 ペアを組んで、次の会話を二人で完成しましょう。

(1)　A　你昨天去学校了吗?

　　　B　＿＿＿＿＿＿＿＿＿＿＿＿＿＿＿＿＿＿＿＿＿＿＿＿＿＿

(2)　A　你吃了吗?

　　　B　＿＿＿＿＿＿＿＿＿＿＿＿＿＿＿＿＿＿＿＿＿＿＿＿＿＿

二　復習課題です。家で完成しましょう。

1 次の日本語を中国語に直し、ピンインをつけましょう。

(1)　私は昨日けしゴムを一つ買いました。

　　　中国語　＿＿＿＿＿＿＿＿＿＿＿＿＿＿＿＿＿＿＿＿＿＿＿＿＿＿

　　　ピンイン　＿＿＿＿＿＿＿＿＿＿＿＿＿＿＿＿＿＿＿＿＿＿＿＿＿＿

(2)　私たちはおとといレストランで食事をしました。

　　　中国語　＿＿＿＿＿＿＿＿＿＿＿＿＿＿＿＿＿＿＿＿＿＿＿＿＿＿

　　　ピンイン　＿＿＿＿＿＿＿＿＿＿＿＿＿＿＿＿＿＿＿＿＿＿＿＿＿＿

2 次の文を中国語に直し、日本語に訳しましょう。

(1) Wǒ zuìjìn kàn le liǎng běn zázhì.

中国語 _____

日本語 _____

(2) Tā māma zài jiā zuò fàntuán.

中国語 _____

日本語 _____

3 ピンインと中国語を書き入れて表を完成しましょう。

日本語	ピンイン	中国語
仕事		
レストラン、ホテル		
従業員		
部屋		
宿題を書く		

4 字体に注意しながら、簡体字を書きましょう。

務(日) 务(簡) 务 务 务 务 / 房(日) 房 房 房 房 房
員(日) 员(簡) 员 员 员 员 / 間(日) 间(簡) 间 间 间 间
書(日) 书(簡) 书 书 书 书 / 業(日) 业(簡) 业 业 业 业
東(日) 东(簡) 东 东 东 东

第十课　这个多少钱?

学籍番号　　　　　　　名前

一　授業中で完成しましょう。

1 発音を聞いて、中国語とピンインを書き、さらに日本語に訳しましょう。

DL 70
CD 70

(1)　中国語：＿＿＿＿＿＿＿＿＿＿＿＿＿＿＿＿＿＿＿＿＿＿＿＿＿＿＿＿＿＿

　　　ピンイン：＿＿＿＿＿＿＿＿＿＿＿＿＿＿＿＿＿＿＿＿＿＿＿＿＿＿＿＿＿＿

　　　日本語訳：＿＿＿＿＿＿＿＿＿＿＿＿＿＿＿＿＿＿＿＿＿＿＿＿＿＿＿＿＿＿

(2)　中国語：＿＿＿＿＿＿＿＿＿＿＿＿＿＿＿＿＿＿＿＿＿＿＿＿＿＿＿＿＿＿

　　　ピンイン：＿＿＿＿＿＿＿＿＿＿＿＿＿＿＿＿＿＿＿＿＿＿＿＿＿＿＿＿＿＿

　　　日本語訳：＿＿＿＿＿＿＿＿＿＿＿＿＿＿＿＿＿＿＿＿＿＿＿＿＿＿＿＿＿＿

2 ペアを組んで、次の会話を二人で完成しましょう。

(1)　A　这个多少钱?

　　　B　＿＿＿＿＿＿＿＿＿＿＿＿＿＿＿＿＿＿＿＿＿＿＿＿＿＿＿＿＿＿＿＿＿

(2)　A　这个苹果怎么卖?

　　　B　＿＿＿＿＿＿＿＿＿＿＿＿＿＿＿＿＿＿＿＿＿＿＿＿＿＿＿＿＿＿＿＿＿

二　復習課題です。家で完成しましょう。

1 次の日本語を中国語に直し、ピンインをつけましょう。

(1)　高すぎです！少し安くしてください。

　　　中国語　＿＿＿＿＿＿＿＿＿＿＿＿＿＿＿＿＿＿＿＿＿＿＿＿＿＿＿＿＿＿＿

　　　ピンイン　＿＿＿＿＿＿＿＿＿＿＿＿＿＿＿＿＿＿＿＿＿＿＿＿＿＿＿＿＿＿

(2)　レストランまでどのように行きますか。

　　　中国語　＿＿＿＿＿＿＿＿＿＿＿＿＿＿＿＿＿＿＿＿＿＿＿＿＿＿＿＿＿＿＿

　　　ピンイン　＿＿＿＿＿＿＿＿＿＿＿＿＿＿＿＿＿＿＿＿＿＿＿＿＿＿＿＿＿＿

2 次の文を中国語に直し、日本語に訳しましょう。

(1) Nǐ bù shūfu, kuài qù yīyuàn ba!

中国語 _____

日本語 _____

(2) Zuìshǎo wǔ kuài wǔ máo yì jīn.

中国語 _____

日本語 _____

3 ピンインと中国語を書き入れて表を完成しましょう。

日本語	ピンイン	中国語
お金		
りんご		
安い — 高い		
コップ		
駅		

4 字体に注意しながら、簡体字を書きましょう。

錢(日)	钱(簡)	钱	钱	钱	钱	兒(日)	儿(簡)	儿	儿	儿	儿
/	苹	苹	苹	苹	苹	/	吧	吧	吧	吧	吧
売(日)	卖(簡)	卖	卖	卖	卖	塊(日)	块(簡)	块	块	块	块
貴(日)	贵(簡)	贵	贵	贵	贵	每(日)	每(簡)	每	每	每	每
/	宜	宜	宜	宜	宜						

第十一课　今天几月几号?

学籍番号 _____　名前 _____

一　授業中で完成しましょう。

1　発音を聞いて、中国語とピンインを書き、さらに日本語に訳しましょう。

DL 71
CD 71

(1)　中国語：_____

　　　ピンイン：_____

　　　日本語訳：_____

(2)　中国語：_____

　　　ピンイン：_____

　　　日本語訳：_____

2　ペアを組んで、次の会話を二人で完成しましょう。

(1)　A　今天几月几号?

　　　B　_____

(2)　A　你的生日几月几号?

　　　B　_____

二　復習課題です。家で完成しましょう。

1　次の日本語を中国語に直し、ピンインをつけましょう。

(1)　学校は2月中旬から休みがはじまります。

　　　中国語　_____

　　　ピンイン　_____

(2)　あなたはいつ時間がありますか。

　　　中国語　_____

　　　ピンイン　_____

2 次の文を中国語に直し、日本語に訳しましょう。

(1) Wǒ de shēngrì qīyuè shíbā hào.

中国語 _____

日本語 _____

(2) Tā dǎsuàn chūnjié huí guó.

中国語 _____

日本語 _____

3 ピンインと中国語を書き入れて表を完成しましょう。

日本語	ピンイン	中国語
いつ		
テストをする		
誕生日		
休みになる		
本当		

4 字体に注意しながら、簡体字を書きましょう。

試(日)	试(簡)	试	试	试	试	楽(日)	乐(簡)	乐	乐	乐	乐
従(日)	从(簡)	从	从	从	从	真(日)	真(簡)	真	真	真	真
開(日)	开(簡)	开	开	开	开	暇(日)	假(簡)	假	假	假	假

第十二課　不見不散

練習問題

学籍番号　　　　　　　　　　名前

一　授業中で完成しましょう。

1　発音を聞いて、中国語とピンインを書き、さらに日本語に訳しましょう。

　　DL 72
　　CD 72

(1)　中国語：＿＿＿＿＿＿＿＿＿＿＿＿＿＿＿＿＿＿＿＿＿＿

　　　ピンイン：＿＿＿＿＿＿＿＿＿＿＿＿＿＿＿＿＿＿＿＿＿

　　　日本語訳：＿＿＿＿＿＿＿＿＿＿＿＿＿＿＿＿＿＿＿＿＿

(2)　中国語：＿＿＿＿＿＿＿＿＿＿＿＿＿＿＿＿＿＿＿＿＿＿

　　　ピンイン：＿＿＿＿＿＿＿＿＿＿＿＿＿＿＿＿＿＿＿＿＿

　　　日本語訳：＿＿＿＿＿＿＿＿＿＿＿＿＿＿＿＿＿＿＿＿＿

2　ペアを組んで、次の会話を二人で完成しましょう。

(1)　A　现在几点？

　　　B　＿＿＿＿＿＿＿＿＿＿＿＿＿＿＿＿＿＿＿＿＿＿＿＿

(2)　A　你今天几点下课？

　　　B　＿＿＿＿＿＿＿＿＿＿＿＿＿＿＿＿＿＿＿＿＿＿＿＿

二　復習課題です。家で完成しましょう。

1　次の日本語を中国語に直し、ピンインをつけましょう。

(1)　もうすぐ雪が降ります、本当に寒いですね。

　　　中国語　＿＿＿＿＿＿＿＿＿＿＿＿＿＿＿＿＿＿＿＿＿＿

　　　ピンイン　＿＿＿＿＿＿＿＿＿＿＿＿＿＿＿＿＿＿＿＿

(2)　皆さまの健康のため、乾杯！

　　　中国語　＿＿＿＿＿＿＿＿＿＿＿＿＿＿＿＿＿＿＿＿＿＿

　　　ピンイン　＿＿＿＿＿＿＿＿＿＿＿＿＿＿＿＿＿＿＿＿

2 次の文を中国語に直し、日本語に訳しましょう。

(1) Diànchē kuài lái le, wǒmen zhǔnbèi shàng chē ba.

中国語 _____

日本語 _____

(2) Xiànzài chà shí fēn liǎng diǎn.

中国語 _____

日本語 _____

3 ピンインと中国語を書き入れて表を完成しましょう。

日本語	ピンイン	中国語
授業が終わる — 授業が始まる		
会うまで待ちます		
雪が降る		
電車		
成績		

4 字体に注意しながら、簡体字を書きましょう。

幾(日)	几(簡)	几	几	几	几	冷(日)	冷(簡)	冷	冷	冷	冷
為(日)	为(簡)	为	为	为	为	/	啊(簡)	啊	啊	啊	啊
両(日)	两(簡)	两	两	两	两	爺(日)	爷(簡)	爷	爷	爷	爷
零(日)	零(簡)	零	零	零	零	績(日)	绩(簡)	绩	绩	绩	绩

著　者
　　劉　国彬（福山大学）

表紙デザイン
　　（株）欧友社

イラスト
　　川野　郁代

中国語の世界
〜大学一年生の入門中国語〜

2017 年 3 月 20 日　初 版 発 行
2025 年 2 月 20 日　第 7 刷発行

著　者　ⓒ劉　国彬
発行者　　福岡正人
発行所　　株式会社　金星堂

〒101-0051　東京都千代田区神田神保町 3-21
Tel. 03-3263-3828　Fax. 03-3263-0716
E-mail : text@kinsei-do.co.jp
URL : http://www.kinsei-do.co.jp

編集担当　川井義大　　　　　　　　　　2-00-0707
組版／株式会社欧友社　印刷・製本／興亜産業

本書の無断複製・複写は著作権法上での例外を除き禁じられています。本書を代行業者等の第三者に依頼してスキャンやデジタル化することは、たとえ個人や家庭内の利用であっても認められておりません。
乱丁・落丁本はお取り替えいたします。
KINSEIDO, 2017, Printed in Japan

ISBN978-4-7647-0707-8 C1087

中国語音節表

	韻母 声母	a	o	e	-i[ʅ]	-i[ɿ]	er	ai	ei	ao	ou	an	en	ang	eng	-ong	i[i]	ia	iao
	介音なし																		
	ゼロ	a	o	e			er	ai	ei	ao	ou	an	en	ang	eng		yi	ya	yao
唇音	b	ba	bo					bai	bei	bao		ban	ben	bang	beng		bi		biao
	p	pa	po					pai	pei	pao	pou	pan	pen	pang	peng		pi		piao
	m	ma	mo	me				mai	mei	mao	mou	man	men	mang	meng		mi		miao
	f	fa	fo						fei		fou	fan	fen	fang	feng				
舌尖音	d	da		de				dai	dei	dao	dou	dan	den	dang	deng	dong	di		diao
	t	ta		te				tai		tao	tou	tan		tang	teng	tong	ti		tiao
	n	na		ne				nai	nei	nao	nou	nan	nen	nang	neng	nong	ni		niao
	l	la		le				lai	lei	lao	lou	lan		lang	leng	long	li	lia	liao
舌根音	g	ga		ge				gai	gei	gao	gou	gan	gen	gang	geng	gong			
	k	ka		ke				kai	kei	kao	kou	kan	ken	kang	keng	kong			
	h	ha		he				hai	hei	hao	hou	han	hen	hang	heng	hong			
舌面音	j																ji	jia	jiao
	q																qi	qia	qiao
	x																xi	xia	xiao
そり舌音	zh	zha		zhe	zhi			zhai	zhei	zhao	zhou	zhan	zhen	zhang	zheng	zhong			
	ch	cha		che	chi			chai		chao	chou	chan	chen	chang	cheng	chong			
	sh	sha		she	shi			shai	shei	shao	shou	shan	shen	shang	sheng				
	r			re	ri					rao	rou	ran	ren	rang	reng	rong			
舌歯音	z	za		ze		zi		zai	zei	zao	zou	zan	zen	zang	zeng	zong			
	c	ca		ce		ci		cai		cao	cou	can	cen	cang	ceng	cong			
	s	sa		se		si		sai		sao	sou	san	sen	sang	seng	song			

介音 i						介音 u									介音 ü			
iou	ian	in	iang	ing	iong	u	ua	uo	uai	uei	uan	uen	uang	ueng	ü	üe	üan	ün
you	yan	yin	yang	ying	yong	wu	wa	wo	wai	wei	wan	wen	wang	weng	yu	yue	yuan	yun
	bian	bin		bing		bu												
	pian	pin		ping		pu												
miu	mian	min		ming		mu												
						fu												
diu	dian			ding		du		duo		dui	duan	dun						
	tian			ting		tu		tuo		tui	tuan	tun						
niu	nian	nin	niang	ning		nu		nuo			nuan				nü	nüe		
liu	lian	lin	liang	ling		lu		luo			luan	lun			lü	lüe		
						gu	gua	guo	guai	gui	guan	gun	guang					
						ku	kua	kuo	kuai	kui	kuan	kun	kuang					
						hu	hua	huo	huai	hui	huan	hun	huang					
jiu	jian	jin	jiang	jing	jiong										ju	jue	juan	jun
qiu	qian	qin	qiang	qing	qiong										qu	que	quan	qun
xiu	xian	xin	xiang	xing	xiong										xu	xue	xuan	xun
						zhu	zhua	zhuo	zhuai	zhui	zhuan	zhun	zhuang					
						chu	chua	chuo	chuai	chui	chuan	chun	chuang					
						shu	shua	shuo	shuai	shui	shuan	shun	shuang					
						ru	rua	ruo		rui	ruan	run						
						zu		zuo		zui	zuan	zun						
						cu		cuo		cui	cuan	cun						
						su		suo		sui	suan	sun						

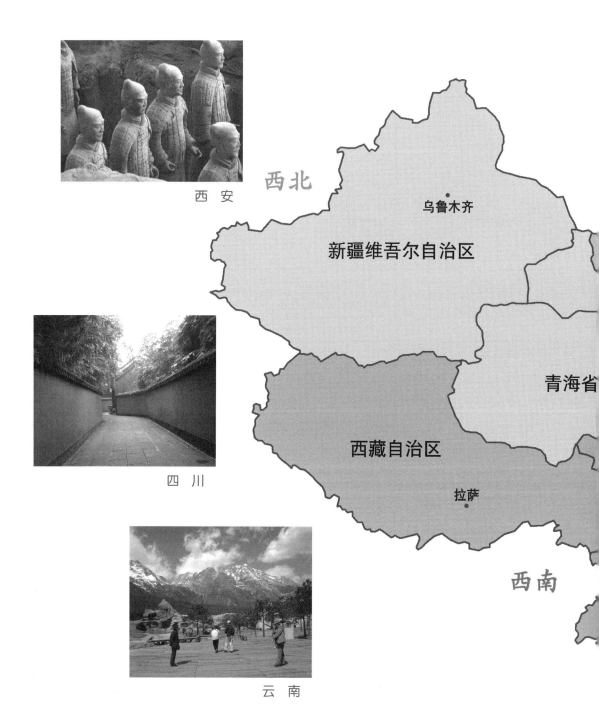